AF215047

Tucholsky Wagner Zola Scott Sydow Freud Schlegel
Turgenev Fonatne
Wallace
Twain Walther von der Vogelweide Fouqué Friedrich II. von Preußen
Weber Freiligrath Frey
Kant Ernst
Fechner Weiße Rose von Fallersleben Richthofen Frommel
Fichte Hölderlin
Engels Fielding Eichendorff Tacitus Dumas
Fehrs Faber Flaubert
Eliasberg Ebner Eschenbach
Feuerbach Maximilian I. von Habsburg Fock Zweig
Ewald Eliot Vergil
Goethe Elisabeth von Österreich London
Mendelssohn Balzac Shakespeare
Lichtenberg Rathenau Dostojewski Ganghofer
Trackl Stevenson Doyle Gjellerup
Mommsen Tolstoi Lenz Hambruch Droste-Hülshoff
Thoma Hanrieder
Dach Verne von Arnim Hägele Hauff Humboldt
Reuter Rousseau Hagen Hauptmann Gautier
Karrillon Garschin
Damaschke Defoe Hebbel Baudelaire
Descartes Hegel Kussmaul Herder
Wolfram von Eschenbach Dickens Schopenhauer Rilke George
Bronner Darwin Melville Grimm Jerome
Campe Horváth Aristoteles Bebel Proust
Bismarck Vigny Barlach Voltaire Federer Herodot
Gengenbach Heine
Storm Casanova Lessing Tersteegen Grillparzer Georgy
Chamberlain Langbein Gilm Gryphius
Brentano Lafontaine
Strachwitz Claudius Schiller Schilling Kralik Iffland Sokrates
Bellamy
Katharina II. von Rußland Gerstäcker Raabe Gibbon Tschechow
Löns Hesse Hoffmann Gogol Wilde Gleim Vulpius
Luther Heym Hofmannsthal Klee Hölty Morgenstern
Roth Heyse Klopstock Kleist Goedicke
Luxemburg Puschkin Homer Mörike
La Roche Horaz Musil
Machiavelli
Navarra Aurel Musset Kierkegaard Kraft Kraus
Nestroy Marie de France Lamprecht Kind Kirchhoff Hugo Moltke
Laotse Ipsen Liebknecht
Nietzsche Nansen
Marx Ringelnatz
von Ossietzky Lassalle Gorki Klett Leibniz
May vom Stein Lawrence Irving
Petalozzi
Platon Knigge
Sachs Pückler Michelangelo Kock Kafka
Poe Liebermann Korolenko
de Sade Praetorius Mistral Zetkin

Der Verlag tredition aus Hamburg veröffentlicht in der Reihe **TREDITION CLASSICS** Werke aus mehr als zwei Jahrtausenden. Diese waren zu einem Großteil vergriffen oder nur noch antiquarisch erhältlich.

Symbolfigur für **TREDITION CLASSICS** ist Johannes Gutenberg (1400 — 1468), der Erfinder des Buchdrucks mit Metalllettern und der Druckerpresse.

Mit der Buchreihe **TREDITION CLASSICS** verfolgt tredition das Ziel, tausende Klassiker der Weltliteratur verschiedener Sprachen wieder als gedruckte Bücher aufzulegen – und das weltweit!

Die Buchreihe dient zur Bewahrung der Literatur und Förderung der Kultur. Sie trägt so dazu bei, dass viele tausend Werke nicht in Vergessenheit geraten.

Landbau

Vergil

Impressum

Autor: Vergil
Übersetzung: Johann Heinrich Voß
Umschlagkonzept: toepferschumann, Berlin

Verlag: tredition GmbH, Hamburg
ISBN: 978-3-8424-9419-0
Printed in Germany

Text der Originalausgabe

Vergil

Landbau

Übersetzt von Johann Heinrich Voß

Bearbeitet und mit Anmerkungen versehen von Otto Güthling

Erster Gesang

Was mit Gedeihen Saatfeld erfreut, und welches Gestirn uns
Pflügen das Land, o Mäcenas, und hoch an die Ulme den Wein-
stock
Fügen heißt, was Rindern an Pfleg', und welcherlei Wartung
Schafen gebührt, wie erfahrner Betrieb den wirtlichen Bienen,

5 Hiervon rede mein Lied. Ihr stahlenden Lichter des Weltalls,
Die ihr in gleitendem Zuge da Jahr umlenket am Himmel;
Liber und nährende Ceres, wofern, euch dankend, die Erde
Gegen den fruchtbaren Halm Chaonias Eichel[1] vertauscht hat
Und mit erfundener Traub' acheloische[2] Becher gewürzet;

10 Auch ihr, nähere Mächte der Landbewohner, o Faune[3] ,
Hebet zugleich, ihr Faune, den Fuß, und dryadische Jungfrau'n;
Eure Geschenke besing' ich. O du, dem die Erde das erste
Brausende Roß ausrang, durchbebt vom gewaltigen Dreizack,
Komm, Neptunus; und Pfleger der Waldungen, dem dreihun-
dert

15 Schneeige Stier' abweiden die fruchtbaren Büsche von Cea.
Selbst auch den heimischen Wald und Lycäus' Windungen las-
send,
Pan, o Hüter der Schafe, wenn dir dein Mänalus wert ist,
Komm, tegäischer[4] Gott, huldreich; und Minerva, des Ölbaums
Schöpferin; komm auch, Jüngling[5] , des hakigen Pfluges Erfin-
der;

---

[1] Chaonien, eine Landschaft im nordwestlichen Epirus, war durch seine heiligen Eichenhaine berühmt. – Ehe Ceres den Menschen ihre Gaben verlieh, lebten sie von Eicheln.

[2] Das Wasser des ätolischen Grenzflusses Achelous steht für Wasser überhaupt. Es war bekanntlich Sitte bei den Alten, den Wein nur mit Wasser vermischt zu trinken.

[3] Die Faune sind italische Waldgötter, Dryaden Baumnymphen.

[4] So heißt Pan von Tegea, einer Stadt Arkadiens, weil er dort besonders verehrt wurde.

[5] Triptolemos, der attische Heros, Sohn des Keleos, soll durch Demeter Verbreiter des Ackerbaus geworden sein.

20 Und in der Hand, Silvanus, die junge Zypress' aus der Wurzel.
Götter und Göttinnen alle, der Flur wohltätige Schirmer,
Die ihr neue Gewächs' ohn' jeglichen Samen erziehet
Und auf gesäete reichlich den himmlischen Regen herabgießt.
Dann auch du, den bald, nicht wissen wir, welche Versamm-
lung

25 Waltender Götter besitzt; ob Städt' anordnen, o Cäsar,
Dir und Länderbesorgung gefällt, und der räumige Weltkreis
Als Urheber der Frücht' und der Witterungen Gebieter
Dich empfängt, um die Schläfe der Ahnin Myrte[6] dir schlin-
gend;
Ob du dem Meer ein Gott, dem unendlichen, kommst, und die
Schiffer

30 Deine Gewalt nur erhöhn, die äußerste Thule[7] dir dienet,
Und dich zum Eidam Tethys erkauft mit allen Gewässern;
Ob du ein neues Gestirn, den langsamen Monden dich an-
schließ'st[8] ,
Dort wo Erigone weit den folgenden Scheren vorangeht:
Schau, wie er selbst, dir weichend, die Klaun einzieht, der ent-
brannte

35 Skorpion, und mehr als du bedarfst am Himmel dir Raum läßt.
Was du auch wirst: (denn dich hoffe der Tartarus weder zum
König,
Noch entflamme dich so graunvolle Begierde der Herrschaft;
Wenn gleich Griechengesang die elysischen Fluren bewundert,
Und, nicht achtend der Mutter, Proserpina willig zurückbleibt:)

---

[6] Die Myrte ist der Venus, der Stammutter des julischen Geschlechtes, geweiht.

[7] Thule, eine durch Pytheas von Massalia um 330 v. Chr. entdeckte Insel im
nördlichen Ozean, angeblich schon unter dem Polarkreis gelegen, sechs
Tagefahrten von den Orkaden entfernt. Sie galt für den nördlichsten Punkt der
bekannten Erde. Sie ist wohl mit Mainland, der größten Insel der Shetland-
Gruppe, zu identifizieren und ist von den Orkneys aus sichtbar.

[8] Zwischen dem Skorpion und der Jungfrau weist der Dichter Oktavian seinen
Platz an, den später die Wage als Sternbild erhielt. In der Anweisung dieses
Platzes neben der als Asträa (Virgo, Jungfrau) versetzten Justitia (Gerechtigkeit)
kann man eine Anspielung auf die Gerechtigkeit des Augustus finden, die zu
verherrlichen Vergil besondere Veranlassung hatte.

40 Schenke mir glücklichen Lauf, wink' Heil dem kühnen Beginnen;
Und mit mir dich erbarmend des pfadlos irrenden Landmanns,
Wandle voran, schon jetzt an Gelübd' und Flehn dich gewöhnend.

Früh im Lenz[9] , wenn dem grauen Gebirg' die erfrorene Nässe
Niederschmilzt, und dem Weste die lockere Scholle sich auflöst;

45 Dann arbeite mir schon[10] vor dem tief eindringenden Pfluge
Keuchend der Stier, und es blinke die Schar in die Furche gescheuert.
Jene Saat vollendet sogar des geizigen Landmanns
Wünsche, die zweimal Sonn' und zweimal Kälte empfunden;
Ihm bricht unter der Last unendlicher Ernte der Speicher.

50 Doch nicht spalte mit Eisen ein unbekanntes Gefilde,
Eh' du die Wind' achtsam und die ändernde Weise des Himmels
Auslernst, auch die geerbte Natur und Pflege der Örter:
Was dir jeglicher Boden gewährt, was jeglicher weigert.
Hier steigt üppig die Saat, dort heben sich schwellende Trauben,

55 Anderswo prangt Baumfrucht, dort grünt ungeheißen die Grasung.

---

[9] Der Frühling begann bei den Römern mit dem Wehen des Zephirus (Favonius) ungefähr Mitte Februar und dauerte bis Mitte Mai. Mit dem Pflügen begann man mit dem Eintritt milderer Witterung, bisweilen schon Mitte Januar.

[10] Mit dem Pflügen wartet der Landmann nicht, bis die volle Frühlingswärme ständig ist. Die richtige Zeit für das Pflügen hängt von dem Feuchtigkeitszustand des zu bearbeitenden Bodens ab. Er solle jene Feuchte besitzen, bei der er den geringsten Zusammenhalt hat und dem Eindringen des Pfluges den wenigsten Widerstand entgegensetzt: Der Boden soll »abgetrocknet« sein. Beim Feuchtpflügen kleben die Furchenstreifen, ohne gekrümelt zu werden, zusammen; nach ihrem Austrocknen bilden sie harte Schollen, die sich nur schwer zerkleinern lassen; aus feuchtem Boden kann das Unkraut nicht herausgebracht werden.

Schauest du nicht, dir sendet des Safrans Düfte der Tmolus[11] ,[12]

'
Nackende Chalyber[13] zollen dir Stahl, und Pontus des Bibers
Giftiges Geil'[14] , und Epirus die Palmzweig' elischer Stuten[15] ?

60 Diese Gesetze sogleich, dies ewig bestehende Bündnis,
Ordnete schon die Natur den Gegenden, als in die öde
Welt Deucalion Steine zuerst ausstreute, daß Menschen
Wurden, das harte Geschlecht. Wohlan denn, ist dem Gefilde
Fett der Grund, ungesäumt von den frühesten Monden des
Jahres

65 Kehre mit kräftigen Stieren es um, daß die liegenden Schollen
Ganz der staubige Sommer durchkoch' in reifer Besonnung.
Doch wenn's fehlet dem Land' an Fruchtbarkeit, mag es genug
sein,
Gegen Arkturus Aufgang mit schonendere Furche zu lockern:
Dort, daß dem fröhlichen Korn nicht schad' aufwucherndes
Unkraut,

70 Hier, daß dem mageren Sande nicht schwinde die wenige Näs-
se.

---

[11] Ein Berg in Lydien bei Sardes (heute Bosdag), reich an Wein und Safran. Der
Safran (crocum) war gleich gesucht als Gewürz- wie als Farbpflanze.

[12] Ein bedeutendes Handelsvolk in Arabien, deren an der Küste glühendheißes
und ödes Land im Innern gut bewässert und reich an Edelsteinen, Zimt, Myrrhe,
Balsam und besonders Weihrauch war. Mit diesen Produkten trieben sie einen
lebhaften Handel nach Ägypten, Syrien und Mesopotamien, wie nach Ostafrika
und Indien. Wie alle Morgenländer galten sie als weichlich.

[13] Ein rohes, besonders vom Fischfang und Bergbau lebendes Volk im östlichen
Pontus, an der Grenze von Armenien. Sie galten als die Erfinder der Bearbeitung
des Erzes.

[14] Das in einer Drüse des Bibers abgesonderte Bibergeil ist ein wirksames
Heilmittel, das besonders krampfstillende Kraft hat. Die Alten gaben es als ein
förmliches Universalmittel aus, denn es existiert kaum eine Krankheit, die sie
nicht mit Bibergeil heilen zu können wähnten.

[15] Die Pferde aus Epirus sind der »Preis aller Pferde«, d. h. die vorzüglichsten,
welche bei den Olympischen Spielen in Elis bei den Wettkämpfen rennen.

Gib im Wechsel der Jahr' auch Frist den gemäheten Brachen,
Daß die ermüdete Flur durch Ausruhn Härte gewinne[16] .
Oder sä' bei andrem Gestirn dort gelblichen Dinkel,
Wo du die Hülsenfrucht, die in rasselnder Schote sich freuet,

75 Oder schmächtiger Wicken Ertrag und der herben Lupine
Brechliche Stengel zuvor aufhobst und rauschende Waldung.
Denn es versengt Leinsaat die Gefild', es versengt sie der Hafer.
Auch auszehrender Mohn, getränkt mit lethäischem Schlum-
mer[17] .
Dennoch wird beim Wechsel die Arbeit leichter, wofern du

80 Nur das entkräftete Feld unverdrossen mit stärkendem Dünger
Sättigest oder die Öde mit schmutziger Asche bestreuest[18] .
Also ruhet dir selbst bei verändertem Anbau das Feld aus,
Nicht undankbar indes bleibt so unbepflügetes Brachland.

Oftmals machte die Flamm' unfruchtbare Felder ergiebig,

85 Wenn du die nichtige Stoppel in prasselnder Lohe verbranntest:
Sei's weil heimliche Kraft dorther und markige Nahrung
Lechzend die Flur einsaugt, sei's weil in der kochenden Glut ihr
Alles Böse verdampft und die schädliche Feuchtigkeit aus-
schwitzt;

---

[16] Durch die Brache wird der Boden fest, hart, ruht aus, indem er nicht
umgeackert wird; oder aber (V. 73), wenn man den Acker nicht brach liegen
lassen will, so wechselt man mit der Saat, so daß auf die schwerere die leichtere
folgt, welche weniger den Boden aussaugt, wie Spelt oder Dinkel, die leichteste
von den Getreidearten, oder Hülsenfrüchte, wie Lein, Mohn, Hafer.

[17] Der weiße Mohn wurde geröstet und mit Honig zum Nachtisch aufgestellt,
aus dem schwarzen wurde der betäubende, dem Opium ähnliche Trank
gemacht.

[18] Die Asche wurde vielfältig als Düngemittel vorgezogen. Das beste
Düngemittel aber ist und bleibt der Stallmist, der auch durch die besten
Handelsdünger nicht ersetzt werden kann. Die Düngung mit Holzasche wird bei
uns wohl nur in Forstgärten angewendet. Zur Düngung wie zur Verbesserung
und Abhärtung des Ackers verbrannte man auch die Stoppel (V. 85), welche
man oft bis zur Hälfte des Halms, oft bis dicht an die Ähre stehenließ. Dadurch
gewann der magerer Boden Nahrungssaft, der sumpfige verlor die übermäßige
Nässe, der zähe öffnete sich mehr und der lockere zog sich zusammen.

Oder auch mehr Zugänge die Hitz' und verborgene Luftzüg'

90 Öffnet, wodurch eindringe der Saft in die jungen Gewächse,
Oder mit härtender Macht anzieht die klaffenden Adern,
Daß einschleichender Regen sie nicht und der heftigen Sonne
Übergewalt, noch des Nords durchdringender Frost sie versen-
ge.

Viel auch nützet der Flur, wer die zähen Schollen mit Karsten

95 Malmt und weidene Flechten umherschleift: nicht unbelohnend
Pflegt ihn Ceres die blonde zu schaun vom hohen Olympus;
Auch wer des Brachgefildes emporgeworfene Rücken
Wiederum querüber die Pflugschar wendend zerwühlet,
Häufig die Erd' aufregt und Gewalt ausübt an den Feldern.

1   Regnige Sommertag' und heitere Winter erflehet euch,
00 Ackerer: fröhlich ist des Winterstaubes der Dinkel,
Fröhlich die Flur. Nicht schafft's Anbau, daß Mysien also[19]
selbst die eigenen Ernten bewundert.

Doch wie gedenk' ich sein, der das Feld nach gestreueten Sa-
men

105 Nahe verfolgt und die Haufen zerschlägt des zu fetten Erd-
reichs,
Dann in die Saaten den Fluß einlenkt[20] und die folgenden Bä-
che;
Und, wenn in Glut der Acker mit sterbenden Pflanzen ver-
schmachtet,
Siehe, daher von der Stirne des hügligen Pfades den Bergquell
Lockt? sein Gesprudel ergießt dumpfrauschend sich über die
glatten

110 Kiesel herab und tränkt die durstigen Felder mit Labsal.
Wohl auch, denn du, damit von Ähren belastet der Halm nicht
Falle, sobald zur Furch' aufsteigen die Saaten, im zarten

---

[19] Südlicher Vorsprung des quellenreichen Idagebirges in Mysien, dessen
fruchtbare Umgegend sprichwörtlich war.
[20] Wie bei uns die Wiesen, so wurden in Italien auch die Äcker und abschüssig
liegenden Gärten bewässert.

Kraute das üppige Korn abweidest[21] . Und wenn du des Sump-
fes
Faules gesammeltes Naß ableitest[22] aus schlüpfrigem Sande:

115 Wenn in den trüglichen Monden zumal wild über die Ufer
Flutet der Strom und alles umher mit Schlamme bedeckt hält,
Daß die niedrigen Lachen von gärender Feuchtigkeit dünsten.

Doch wie mühsame Fleiß der Menschen und Stier' auch die
Erde
Wendete, droht nicht minder strymonischer Kraniche Raub-
sucht,

120 Und gefräßige Gäns'[23] ; auch bittre Zichorienfasern
Stören den Wuchs, und Schatten verdumpft. Selbst wollte der
Vater
Nicht zu leicht der Gefild' Anbau, durch Mühe der Kunst erst

---

[21] Damit in dem fetten Boden der erste Trieb der jungen Saat nicht zu rasch in
hohe Halme aufschieße, ließ man die Saat abweiden. Auch bei uns stört man
stark im Kraut entwickelte Pflanzen, wenn sie wegen mangelnder Belichtung
leicht zum Lagern neigen, im Wachstum durch vorsichtiges, oberflächliches
Schröpfen oder Serben mit der Sense oder durch ein leichtes, oberflächliches
Abschneiden.

[22] Sumpfiges Wasser, das sich im Ackerland ansammelt, wird (durch eigens
gezogene Gräben) abgeleitet aus dem Boden, der, sei es wegen der
Beschaffenheit des Grundes oder der Lage des Ackers, gar zu gern die
Feuchtigkeit aufnimmt. Zur Aufnahme dieses Wassers dienten eigens
angefertigte Gruben oder Gräben.

[23] Hierunter ist natürlich nicht die zahme Gans (anser domesticus) zu verstehen,
sondern die Saat- oder Wildgans (anser segetum), die sich ihre Nahrung auf
frisch besäten Feldern, namentlich auf der grünen Saat sucht und dadurch
großen Schaden auf den Feldern anrichtet. – Auch der Kranich (grus cinera) ist
dadurch schädlich, daß er die Blättchen des jungen Getreides, frisch gesäte oder
keimende Getreidekörner u. dgl. verzehrt. Sehr gierig ist er nach frisch gesäten
oder keimenden oder aus den Hülsen gehackten Erbsen; im Herbste geht er
gewöhnlich den Körnern oder den jungen Pflänzchen des Weizens nach, auch
holt er im Sommer die reifenden oder reifen Samen der Getreidearten aus den
Ähren, frißt auch den Buchweizen gern. – Die Cichorie (cichorium intibus)
schadet durch das wuchernde Wurzelwerk. – Die Äste der Bäume, mit denen die
Felder gewöhnlich eingeschlossen waren, mußten häufig beschnitten werden,
weil der von ihnen verursachte Schatten dem Wachstum der Saaten hinderlich
war.

Regt' er die Flur, mit Sorgen den Geist der Sterblichen schär-
fend,
Daß nicht starrte sein Reich in schwer hinbrütendem Schlum-
mer.

1   Nie vor Jupiter[24]   bauten der Ackerer Hände die Felder,
25 Auch nicht Mal noch Teilung durchschnitt die große Gemein-
schaft;
Alle erwarben für alle zugleich; und die Erde, da niemand
Forderte, strebte von selbst, willfähriger alles zu tragen.
Jener verlieh Giftgeifer den schwarz aufschwellenden Schlan-
gen,

130 Sandte die hungrigen Wölfe zum Raub und regte das Meer auf,
Schüttelt' ihr Honig den Zweigen herab und entrückte das Feu-
er,
Auch die Bäche des Weins, die umher sich schlängelten, hemmt'
er:
Daß der Gebrauch nachsinnend die mancherlei Künste hervor-
zwäng'
Allgemach, und in Furchen den Halm des Getreides erzeugte,

135 Auch, wo im Kieselgeäder es ruht, ausschlüge das Feuer.
Jetzo fühlte zuerst der Strom die gehöhleten Erlen;
Jetzo gab dem Gestirn der Steuerer Zahl und Benennung,
Merkend Plejad' und Hyad' und die strahlende Bärin Lykaons[25]
.
Jetzo lau'rte die Schling' auf das Wild und die Rute mit zähem

140 Vogelleim; es drohten die Hund' um das große Gebirgstal.
Dort nun fuhr in die Tiefe des breiten Stromes das Wurfnetz
Rauschend hinab, dort schwebt in dem Meer das triefende Zug-
garn.
Jetzo starrte das Eisen, es klang die gezogene Säge;

---

[24] Vor Jupiters Herrschaft war das goldene Zeitalter unter Saturn, wie es in der
beschrieben ist.

[25] Kallisto, die Tochter des arkadischen Königs Lykaon, eine Begleiterin der
Diana, wurde von der eifersüchtigen Juno in eine Bärin verwandelt und von
Diana getötet, aber von Jupiter unter dem Namen Arktos unter die Gestirne
versetzt.

Denn sonst pflegte der Keil den klüftigen Stamm zu zerspalten.

145 Jetzo kamen die Künst' und Erfindungen. Alles besieget
Unablässiger Fleiß, und die Not des drückenden Mangels.

Ceres zuerst hat mit Eisen das Land zu kehren die Völker
Angeführt, da bereits Hagäpfel und nährende Eicheln
Fehlten im heiligen Wald, und Kost Dodona versagte.

150 Bald auch rang das Getreide mit Kümmernis: daß an den Halmen
Nagte der tückische Rost[26] und träge aufstarrt in den Äckern
Distelgewächs: hinschwindet die Saat, rauh steiget ein Dickicht,
Kletten und Burzeldorn, und durch schönprangendes Bauland
Herrscht unseliger Lolch und ein Schwarm des verwilderten
Hafers.

155 Wenn nicht immer die Flur von jätender Hacke verfolgt wird,
Nicht ein Geräusch die Vögel verscheucht, und des dumpfigen
Feldes
Schatten die Hippe bezähmt, und Gelübd' herrufen den Regen;
Ach, dann schaust du umsonst auf den großen Haufen des
Nachbars,
Und an geschüttelter Eich' in den Waldungen stillst du den
Hunger.

1   Auch die Gerätschaft lerne des abgehärteten Landmanns,
60 Ohne die weder gesät sein kann, noch gedeihen die Ernte.
Erst des gebogenen Pflugs Kernholz und schneidende Pflug-
schar,
Auch schwerrollende Wagen[27]   der eleusinischen Mutter,
Schleifen und Dreschgestell' und die Last unmäßiger Karste;

---

[26] Vom Getreiderost gibt es verschiedene Arten: Der Halm- oder Schwarzrost
auf Roggen, Weizen, Hafer, Gerste und Quecke, der Gelbrost, welcher den
Ähren sehr schadet, der Braunrost des Roggens, der Braunrost des Weizens und
der Kronenrost des Hafers; ferner der Rübenrost auf den Blättern der Zucker-
und Futterrüben, von dem es wieder mehrere Arten gibt. Auch viele andere
Gewächse, wie z. B. Flachs, die Sonnenblume, die Weiden, Pappeln, Obstbäume,
Nadelhölzer, Rosen haben ihre eigenen Arten von Rostpilzen.

[27] Der Feld- oder Getreidewagen bestand nur aus einer starken Platte von
Brettern, die auf zwei Rädern ruhte, die keine Speichen hatten, sondern nur aus

165 Dann, aus Reisig gewebt, des Celëus ärmlicher Hausrat[28] ,
Flechten vom Erdbeerbaum, und die mystische Wanne[29] des
Bacchus;
Was du alles zuvor mit Bedacht einrichtend bereit hältst,
Wenn dich würdiger Ruhm des göttlichen Feldes erwartet.

Frühe mit Kraft im Walde gebändiget, schmiegt sich zum
Krümmel

170 Schon die Ulm' und erhält die Gestalt des gebogenen Pfluges.
Ihr an den Stamm wird die Deichsel, die vorn acht Fuß lang sich
ausstreckt,
Auch zwei Ohren gefügt und mit doppeltem Rücken der Schar-
baum.
Früh auch haut man zum Joche die leichte Lind' und die hohe
Buche zum Sterz', um hinten die unteren Räder zu lenken;

175 Hängt dann über den Herd dem probenden Rauche die Hölzer.

Manches Gebot noch kann ich aus älteren Zeiten dir kundtun,
Fliehest du nicht, dein Ohr den niedrigen Sorgen versagend.

Auf, dir die Tenne[30] zuerst mit mächtiger Walze geebnet
Und mit knetender Hand aus zähem Tone gehärtet;

180 Daß nicht sprosse das Gras noch vom Staube besiegt sie zerle-

---

einem einzigen, runden Stück Holz bestanden und sich nicht um die Achse
drehten, sondern fest daran saßen, so daß Achse und Räder sich zusammen
drehten (wie an unseren Eisenbahnwagen).

[28] Celeus, Vater des Triptolemus. Diesen soll Ceres im Säen, jenen in der Kunst,
verschiedene Wirtschaftsgeräte aus Ruten oder Weiden zu flechten unterrichtet
haben.

[29] Ein großer geflochtener Korb, mit dem man das Getreide schwang, um das
Korn von der Spreu zu sondern. Ein solcher wurde am Eleusinischen Feste bei
dem feierlichen Aufzuge des Bacchus mit Früchten angefüllt als Symbol
vorangetragen.

[30] Die Tenne war eine runde glatte Fläche unter freiem Himmel, mit Kiesel
gepflastert und dann mit Ton oder Kreide überdeckt und mit der Walze geebnet;
dort wurde das Korn aus den Ähren gelöst durch das Vieh, welches man darin
herumtrieb, eine Art des Dreschens, wie sie in Ägypten, Griechenland und
Italien noch heute angewendet wird.

chze,
Dann vielfaches Verderb sie bedroh': ein winziges Mäuslein
Baut' oft unter der Erde das Haus und bauete Speicher;
Oder es schaufelte blinzelnd umher sein Lager der Maulwurf[31] ;
Oft auch lauert die Kröt' in der Kluft, und was sonst noch an
Scheusal

185 Häufig die Erde gebiert, es praßt der verheerende Wiebel
Durch das Getreid', und, besorgt um ihr darbendes Alter, die
Ameis.

Aufmerksam auch schau, wann der Mandelbaum in den
Wäldern
Häufig in Blüte sich hüllt und duftende Zweige herabsenkt:
Wenn obsieget die Frucht, dann folgt fruchtreiches Getreid'
auch,

190 Und viel Arbeit kommt mit vielem Schweiße den Dreschern;
Wenn mit üppigem Laube jedoch vorwaltet die Schattung,
Eitel zermalmt die an Spreu nur ergiebigen Halme die Tenne.

Oftmals sah ich den Samen gestärkt durch Künste des Säers,
Und zuvor mit Salpeter getränkt und schwärzlichem Ölschaum,

195 Daß von größerer Frucht die täuschende Schote sich füllte,
Und auch an mäßigem Feuer erwämt doch schneller erweichte.
Selbst die gewähltere Saat, mit Arbeit lange gemustert,
Sah ich dennoch entarten, wenn menschliche Mühe nicht jähr-
lich
Größeres nur mit der Hand auslas. So stürzt durch das Schick-
sal

200 Alles zu Schlimmerem fort und rückwärtsgleitend versinkt es.

---

[31] Bei den alten Schriftstellern wird oft die Blindheit des Maulwurfs
hervorgehoben. Allein die Alten meinen gar nicht unseren Maulwurf (talpa
europaea), sondern den südeuropäischen Maulwurf (talpa caeca), der sich in
Italien, Dalmatien, einigen Teilen Südfrankreichs, der europäischen Türkei und
in Griechenland vorfindet. Bei diesem Maulwurf, der sich u. a. auch durch
größere Hauzähne und durch einen etwas längeren Rüssel vom nördlichen
unterscheidet, sind in der Tat die Augenlider so geschlossen, daß sie nur eine
mikroskopische Öffnung darbieten.

Wie wenn jemand gegen den Strom sein Boot mit den Rudern
Kaum hinaufarbeitet, und, sinken ihm etwa die Arme,
Ungestüm ihn entrafft in reißenden Sturz das Gewässer.

Ferner gebührt auch uns des Arkturs[32] Aufgänge so achtsam

205 Samt den Böckleintagen zu spähn und die leuchtende Schlange,
Wie dem, der, heimfahrend durch brausende Fluten, des Pontus
Schrecken versucht und die Schlünde des austerreichen A-
bydus.

Wenn mit dem Tage die Wag'[33] ausgleichet die Stunden des
Schlafes
Und in der Mitte verteilet für Licht und Dunkel den Erdkreis,

210 Übt, o Männer, die Stiere sodann, streut Gerst' in die Eb'nen
Bis zum äußersten Regen des unwirtschaftlichen Winters.
Auch den Samen des Leins und den Mohn der Herrscherin
Ceres
Eile zu decken mit Erd'; und sogleich nun dränge die Pflug-
schar,
Weil es der trockene Boden vergönnt, und die Wolken noch
hängen.

215 Bohnen im Lenze gesät; dich, medischer Klee[34] , auch empfängt
Dann die gelockerte Furch', und es kommt der Hirse Bestellung,

---

[32] Stern erster Größe im Sternbild des Bootes (großer Bär [richtig: Bärenhüter]),
dessen Auf- und Niedergang stürmisches Wetter brachte. – Die Böcklein sind
zwei Sterne im Zeichen des Fuhrmanns, deren Auf- und Niedergang Sturm und
Regen verkündete. – Die Schlange ist ein Sternbild am Nordpol, das sich durch
den großen und kleinen Bären windet.

[33] Gestirn des Tierkreises. Von der Herbstgleiche (24. September) an, wo die
Sonne gleichweit von beiden Polen im Zeichen der Wage steht und Tag und
Nacht in zwölf gleiche Stunden teilt, bis zum kürzesten Tage, wenn die Sonne im
Zeichen des Steinbocks steht, mußte Gerste, Lein und Mohn gesät werden.

[34] D. i. Luzerne, Schneckenklee, burgundischer Klee. Die Luzerne ist nach
Plinius (Naturgesch. XVIII, 16, 43) wohl während der Perserkriege nach
Griechenland gebracht worden. Jetzt wird sie in Griechenland fast gar nicht
gebaut, in Italien dagegen wächst sie wild, wird auch daselbst für das Vieh
kultiviert, wie auch bei uns der einheimische Kopfklee (trifolium pratense) unter
dem Namen »spanischer Klee« gebaut wird. Die Alten benannten die

Wenn der schimmernde Stier das Jahr mit goldenen Hörnern
Öffnet, und weichend der Hund[35] dem drohenden Sterne hin-
absinkt.
Wo du zur Weizenernte jedoch und kräftigem Dinkel

220 Durcharbeitest die Flur und allein um Ähren bemüht bist,
Laß zuvor in der Frühe die Atlantiden sich bergen,
Und den gnosischen Stern hinfliehen der funkelnden Krone,
Eh' du den Furchen vertraust die schuldigen Samen und eh' du
Hastig der Erde mit Zwang aufdringst die Hoffnung des Jahres.

225 Mancher begann, eh' nieder sich Maja senkte; doch diesen
Trog die erwartete Saat, mit nichtigem Hafer ihn täuschend.
Aber gefällt dir's, Wicken zu baun und gewöhnliche Bohnen,
Und mißachtest du nicht pelusischer Linsen[36] Erziehung;
Nicht undeutlich ermahnt dich der Untergang des Bootes[37] :

230 Dann beginn und dehne die Saat in die Mitte der Frostzeit.

Darum lenkt den in Teile genau zergliederten Umlauf
Durch zwölf Sterne daher die goldene Sonne des Äthers[38] .

---

einheimische Luzerne nach dem Lande Medien, wie wir ihn nach dem Kanton
Luzern nennen, und den überall bei uns auf Kalkboden wild wachsenden
Sichelklee »schwedische Luzerne« nennen.

[35] Da der Sirius gegen Ende des April der Sonne näher tritt, verschwindet jetzt
sein Bild. – V. 219ff. ist die Rede von der Saatzeit der Ähren tragenden
Getreidearten im Gegensatz zu den 227ff. erwähnten Hülsenfrüchten. Dies ist
die Zeit, wo die Atlantiden untergehen, d. i. vom 20. Oktober bis zum
8. November. Gemeint ist das Sternbild der Pleiaden, Töchter des Atlas. – Die
funkelnde Krone ist die Krone der Ariadne, der Tochter des Minos. Ihre Krone
wurde von Bacchus unter die Sterne versetzt. Sie geht im November unter, wohl
etwas später als die Pleiaden.

[36] Die Linse, in den Gebirgen Griechenlands und in Italien überall gebaut,
wächst in Italien auch wild unter der Saat, die besten Linsen stammen aus
Pelusium an der östlichen Nilmündung.

[37] Bootes, auch Arktophylax und von seinem hellsten Stern Arkturus genannt,
ging am 21. Oktober unter.

[38] Zur Bestimmung der Geschäfte des Landbaus lenkt die Sonne jährlich durch
den Eintritt in die zwölf Zeichen des Himmels den in bestimmte Abschnitte
(Tage, Monate) gemessenen Kreislauf des Jahres. Über die fünf von den Wende-
und Polarkreisen begrenzten Zonen, denen fünf Erdgürtel entsprechen, vgl.
Ovid, Verwandlungen Ich, 45–51.

Fünf sind Zonen am Himmel gestreift: die eine beständig
Rot im Schimmer der Sonn' und gedörrt von ewigem Feuer.

235 Rechts am äußersten End' und links hinziehen sich kreisend
Zwei von bläulichem Eis' erstarrt und finsterem Regen.
Zwischen dort und der Mitte beschied mühseligen Menschen
Zwei der Unsterblichen Huld; und ein Pfad durchschlängelt sie
beide,
Wo sich schräg die Folge der Himmelszeichen herumdreht.

240 Wie nach Scythia hin und dem steilen Rhipäus die Welt hoch
Aufsteigt[39] , sinket sie dort zu Libyas Sand und dem Südwind.
Dieser Pol ragt stets ob dem Haupt uns; jenen erblicket
Unter dem Fuß die umnachtete Styx und die Geister der Tiefe[40]
.
Hier umschlingt weitkreisend der mächtigen Schlange Gewind'
ihn

245 Ringsumher, wie ein Strom die Bärinnen beide durchschlüp-
fend,
Bärinnen, die stets scheu vor Oceanus' Fluten zurückfliehn[41] .
Dort, wie die Sag' uns meldet, verstummt entweder des Grauns
Nacht
Ewig, und schwarz rings starret der Nacht einhüllendes Dun-
kel:
Oder es kehrt Aurora von uns und führet den Tag hin;

250 Und wenn uns der Morgen mit schnaubendem Sonnengespann
haucht,
Rötet sich dort aufglühend in spätem Lichte der Abend.
Hieraus die Wechsel der Luft am schwankenden Himmel vor-

---

[39] Die Erhebung der nördlichen Halbkugel des Himmels über unsern Horizont
wird durch Angabe der Richtung nach dem Nordlande Szythien und dem
fabelhaften Rhipäischen Gebirge bezeichnet, welches die alten Geographen
immer weiter nach Norden rückten, je mehr Länder sie in dieser Richtung
kennen lernten.

[40] Nach einer späteren Darstellung setzte man die Unterwelt in die Mitte der
Erde; die Toten hatten ihre Füße nach dem Südpol gerichtet.

[41] Die beiden Bären sind immer sichtbar und gehen den nördlichen Völkern nie
unter.

herschaun

Können wir, hieraus die Tage der Ernt' und die Zeiten des Sä-
ens;

Wann es gebührt, mit dem Ruder des Meers treuloses Gewässer

255 Umzudrehn und vom Strande gerüstete Flotten zu wälzen,
Oder die zeitige Ficht' in den Waldungen niederzuschmettern.

Nicht umsonst auch spähn wir den Untergang und den Auf-
gang
Deutender Stern' und des Jahrs vierfach abwechselnde Gleich-
heit.
Wenn einst frostiger Regen daheim den Ackerer aufhält,

260 Manches, was bald müßt' eilig geschehn am heiteren Himmel,
Schafft er mit regerem Fleiß. Er schärft vorhämmernd des Pflu-
ges
Stumpfen Zahn, er höhlt sich Nachen und Trog aus dem Baum-
stamm,
Zeichen auch prägt er dem Vieh und die Zahl dem Haufen Ge-
treides.
Andere spitzen sich Pfähl' und zweigehörnete Gabeln,

265 Oder bereiten der Reb' amerinische[42] Weiden zur Fessel.
Jetzo geschmeidige Körb' aus Brombeerranken geflochten,
Jetzo die Frucht am Feuer gedörrt und mit Steinen zermalmt.
Denn auch an festlichem Tag' etwas zu betreiben erlaubt uns
Religion und Gesetz[43] . Abfließende Bäche zu leiten

270 Wehrt kein Götterverbot, Saatfeld mit Gehege zu sichern,
Schlingen zu legen den Vögeln und anzuzünden den Dorn-
busch,
Auch die blökende Herd' im heilsamen Bache zu baden[44] .
Oftmals lastet mit Öl dem langsamen Esel die Schultern
Oder gemeinerem Obste sein Herr, daß geschärft er den Mühl-

---

[42] Bei der umbrischen Stadt Ameria wuchsen Weiden mit rötlichen
geschmeidigen Zweigen, die man zum Anbinden des Weins und zur
Korbflechterei gebrauchte. Im nördlichen Italien kannte man einunddreißig
Weidenarten. Hier ist die Rotweide (salix rubra) gemeint.

[43] An Herbst- und Winterfesttagen waren die Beschäftigungen, die nur des
Gewinnes halber unternommen wurden, verboten; dringende
landwirtschaftliche Arbeiten dagegen waren an diesen Tagen (wie bei uns)
gestattet.

[44] Nur um die Räude zu verhüten, welche am häufigsten beim Schafe und
Pferde vorkommt, nicht um die Wolle zu waschen, durften die Schafe auch an
Festtagen in die Schwemme getrieben werden.

stein

275 Oder den Klumpen des Pechs von der Stadt heimbringe zur
Wirtschaft.

Andere Tage verlieh in anderer Ordnung uns Luna,
Glücklich zum Werk. Den fünften geflohn; der erbleichende
Orkus
Sproß und die Furien dann; es brütete Tellus zum Unheil
Cöus samt Japetus aus und den wilden Typhoeus[45] ,

280 Auch das Riesengeschlecht der verschworenen Himmelstürmer:
Dreimal rang's, zum Bau auf Pelion Ossa zu wälzen,
Siehe, und hoch auf den Ossa den waldumrauschten Olympus;
Dreimal donnerte Zeus die getürmeten Berg' auseinander.

Heilsam ist nach dem zehnten der siebente, daß man den
Rebling

285 Senk' und gefangene Stier' einjoch' und Garn des Gewebes
Zettele, besser der neunte zur Flucht, ungünstig dem Diebstahl.

Vieles sogar wird besser in nächtlicher Kühle vollendet,
Oder wenn Luzifer taut auf blinkende Felder im Frührot.
Nachts wird nichtige Stoppel und nachts die trockene Wiese

290 Besser gemäht; die Nächte verläßt nicht linde Befeuchtung.

Mancher auch wohl, vom Glanze des Winterherdes umleuch-
tet,
Wacht noch spät und schneidet mit Stahl sich spitzige Fackeln:
Während sein Weib, durch Gesang der Arbeit Weile verkür-
zend,
Emsig mit rasselndem Kamm die gewechselten Fäden durch-
webet

---

[45] Cöus, Japetus, Titanen, Söhne des Himmels und der Erde; Typhoeus, ein
Ungeheuer mit hundert Drachenköpfen, eine Ausgeburt des Tartarus und der
Erde, wurde, als er den Jupiter stürzen wollte, durch dessen Blitz in den
Tartarus, nach einer anderen Sage unter den Ätna geschleudert, wo er fortlebend
Feuer speit. Die Himmelstürmer (V. 280) sind die Riesensöhne des Aloeus
(Aloiden), Otus und Ephialtes, die den Himmel einreißen wollten.

295 Oder dem süßen Most[46] an der Glut die Feuchtigkeit auskocht,
Oft mit Laub abschäumend die Wallung des zitternden Kessels.

Aber das rötliche Korn mäht ab in der Hitze des Mittags
Und in der Hitze des Mittags zermalmt auf der Tenne die Äh-
ren.

Nackend gepflügt und nackend gesät; im Winter gefeiert.

300 Während der Kälte genießt des Erworbenen gerne der Land-
mann,
Froh mit der Nachbarschaft umgehende Schmäuse besorgend.
Festlich rufet der Winzer zur Lust und verbannet die Sorgen:
Wie wenn schwer von Lasten die Kiel' in den Hafen gelangt
sind,
Und ihr Steuerverdeck umkränzeten fröhliche Schiffer.

305 Aber auch dann ist's Zeit, die laubige Eichel zu sammeln,
Lorbeer auch und Oliven, und blutige Früchte der Myrte;
Dann den Kranichen Schlingen und Garn zu legen den Hir-
schen,
Auch langlöfflige Hasen im Lauf und die Gems zu erjagen,
Drehend die hanfene Schnur der balearischen[47] Schleuder,

310 Wenn hoch lieget der Schnee und der Strom Eisschollen herab-
drängt.

Was noch der Herbstunwetter bei tobenden Sternen erwähn'
ich,
Und, wenn kürzerer Tag schon ist, und milderer Sommer,
Welcherlei Sorg' uns geziemt? auch wenn platzregnend der
Lenz   sinkt
Wenn schon nickende Ähren dem Feld' aufstarreten, und wenn

---

[46] Süßen Weinmost kochte man mit würzigen Kräutern und Blüten ein, und
zwar in Nächten ohne Mondschein oder, wenn dieser am Himmel war, bei Tage.
Er diente alsdann entweder mit Milch vermischt als Festgetränk oder als Zusatz
zu anderen Weinen, um sie dauerhaft zu machen. Um jeden Beigeschmack, den
kochender Wein leicht annimmt, zu verhüten, nahm man Blätter, nicht Holz.
[47] Die Bewohner der Balearischen Inseln (Majorka und Minorka) waren
berühmte Schleuderer.

315 Junges Getreid' in der Grüne des Halms sich blähet von Milch-
saft?
Oft sogar, wenn der Schnitter in gelbliche Fluren der Landmann
Führte, vom trockenen Halme die Gerst' in der Eile zu schnei-
den,
Ringsher sah ich zum Kampfe der Wind' Aufruhr sich versam-
meln,
Welche die schwangere Saat weithin mit den untersten Wurzeln

320 Hoch in die Lüfte gerafft, fortschleuderten: so wie des Winters
Schwarzer Orkan Strohhalme zerstreut und fliegende Stoppeln.
Oft auch schwärmt um den Himmel ein Heer endloser Gewäs-
ser;
Graunvoll drängen den Schwall dickwogender Schauer die
Wolken,
Schwarz aus dem Meer aufziehend; es stürzt mit Geprassel der
Äther,

325 Daß der gewaltige Guß Fruchtpflanzen und Werke der Ringer
Weit zerschwemmt und die Gräben erfüllt; der gehöhlte Berg-
strom
Steigt mit Getös' und es brauset in stürmenden Sunden die
Meerflut.
Selbst der ewige Vater hervor aus des grausen Gewölks Nacht
Schwingt helleuchtenden Blitz in der Hand, daß ganz von der
Regung

330 Bebet die Erd'; verscheucht ist das Wild, und den sterblichen
Herzen
Sank das zagende Herz vor dem Schrecklichen. Jetzo den Athos,
Jetzt der Ceraunien Haupt und des Rhodope schlägt sein ent-
brannter
Donner hinab: Es erneu'n sich die Wind', und der dichteste
Regen,
Daß nun Hain, vom Sturme zerwühlt, nun Meeresgestad' hallt.

3   Dessen besorgt, späh' oben der Monate Gang und der Sterne,
35 Wo der kalte Saturnus[48] sich hingewendet am Himmel,
Was für Kreise verirrt das cyllenische[49] Feuer durchwandre,
Doch die Unsterblichen ehre zuerst und erneue der großen
Ceres ihr jähriges Fest, auf lachenden Augen ihr opfernd,

340 Wenn der äußerste Frost sich verzog, schon heiter der Lenz
naht.
Dann sind fett die Lämmer, und dann sehr milde die Weine,
Dann ist lieblich der Schlaf, und dicht auf Bergen der Schatten.
Laß da die ländliche Jugend geschart anbeten die Ceres:
Du zerlaß ihr Honig in Milch und der Süße des Weines;

345 Dreimal umgeh' heilbringend die jungen Früchte das Opfer,
Welches der sämtliche Chor und die jauchzenden Freunde be-
gleiten
Und mit Geschrei in die Häuser die Göttin rufen. Zuvor auch
Wolle dem reifenden Korn niemand anlegen die Sichel,
Bis er, vom Eichenkranze die Schläf' umwunden, der Ceres

350 Erst ungeordnete Reigen getanzt und Lieder gesungen.

    Aber damit wir solches an sicheren Zeichen erkennen,
Sonnige Schwül' und Regen und kalt anhauchende Winde,
Ordnete Jupiter selbst, was sie mondebegrenzende Luna
Deutete, welchem Zeichen der Süd sich legte, wie oftmal

355 Vorgewarnt Landbauer das Vieh nah hielten der Stallung.

    Gleich wenn die Wind' aufsteigen, beginnt entweder des
Meeres
Ahnende Flut unruhig emporzuwallen, und hochher
Trocknes Gehölz zu ertönen im Bergwald; oder entlang wühlt

---

[48] Saturn durchläuft in der weitesten Entfernung von der Sonne seine Bahn. Er bringt, besonders in Italien, im Steinbock Platzregen, im Skorpion Hagel.

[49] Merkur, der Sohn der Maja, heißt Cyllenius von seinem Geburtsorte, dem arkadischen Berge Cyllene. Er durchläuft unter allen Planeten die kleinste Bahn in einem Zeitraum von 87 Jahren 23¼ Stunden, während die Umlaufzeit des Saturn 29½ Jahre beträgt. Mithin durchläuft Merkur mehrere Male seine Bahn, ehe Saturn die seinige nur einmal vollendet.

Hallend der Strand, und dumpfer in Holzungen schwillt das Gemurmel.

360 Doch jetzt kaum noch enthält sich des krummen Kiels dir die Woge,
Wenn aus der Mitte des Meers die verschüchtern Taucher entflattern
Und mit Geschrei zum Strande daherziehn; wenn auf dem Trocknen
Spielet das Wasserhuhn[50] , und die traulichen Sümpfe verlassend,
Über das hohe Gewölk sich der fliegende Reiher emporschwingt.

365 Oft auch siehest du Sterne, sobald anhebet der Sturmwind,
Jähen Falls am Himmel entfliehn, und das nächtliche Dunkel
Hell nachstreifende Flammen in langem Zuge durchschimmern;
Oft, wie nichtige Spreu umfliegt und gefallene Blätter,
Oder wie schwimmender Flaum den Tanz auf dem Wasser beginnet.

3 Doch wenn Boreas wild androht mit Leuchtungen, auch
70 wenn
Eurus' und Zephirus' Burg laut donnerte, alle die Äcker
Schwimmen, die Gräben gefüllt, und all' im Meere die Schiffer
Rollen die triefenden Segel zurück. Nie, ohne zu warnen,
Schadete Regenguß. Entweder floh'n, wenn er aufstieg,

375 Tief in die Täler herab die Kraniche[51] , oder die Färse,
Blickend zum Himmel empor, schnob Luft in offene Nüstern,
Oder die zwitschernde Schwalb' umflog hinstreifend die Weiher,
Oder es quakten die Frösche im Sumpf ihr ewiges Klaglied.

---

[50] Das Wasserhuhn (Bläßhuhn, fulica atra) ist in der ganzen Welt mit Ausnahme des höchsten Nordens verbreitet, und ebenso ist auch der graue Reiher (ardea cinera) überall heimisch.

[51] Die Kraniche ziehen immer sehr hoch, nur bei nebliger und stürmischer Witterung und in finsterer Nacht niedriger als bei freundlicher Witterung und Sonnen- oder Mondenschein.

Oft auch enttrug die Puppen den inneren Zellen die Ameis',

380 Schmal sich tretend den Pfad; auch trank der farbige Bogen
Weitgespannt, und die Weid' in mächtigen Scharen verlassend,
Rauschte das Volk der Raben[52] daher mit dichtem Gefieder.
Dann die mancherlei Vögel des Meers, und was in Kaystrus'
Süßem Gesümpf ringsum die asischen Wiesen durchstöbert,

385 Siehst du mit reichlichem Naß sich eifrig besprengen den Na-
cken,
Bald ihr Haupt darstrecken der Flut, bald laufen ins Wasser,
Und wie betört frohlocken im eitelen Spiele des Bades.
Schamlos ruft auch die Kräh' aus vollem Halse dem Regen,
Während für sich einsam auf trockenem Sande sie wandelt.

390 Selbst an nächtlicher Spindel beschäftiget, waren die Mägdlein
Nicht unkundig des Sturms, wenn funkelnd in irdener Lampe
Sprühte das Öl und dem Dochte wie Schwamm anwuchsen die
Schuppen.

Doch nicht minder aus Regen die Sonn' und heitere Bläue
Ausspähn kannst du zuvor und an sicheren Zeichen erkennen.

395 Denn nicht scheint an den Sternen der Glanz nun schwächeren
Ansehns,
Noch mit des Bruders Strahlen belehnt die steigende Luna,
Oder wie wollige Flocken der Duft am Himmel zu schweben.
Nicht am Gestad' auch breiten die Halcyonen[53] der Thetis
Gegen die wärmende Sonne die Fittiche; nicht auf dem Hofe

400 Werfen besudelte Säue zerwühltes Gebund mit dem Rüssel.

---

[52] Der Rabe vereint sich nie zu Scharen, wohl aber die Raben- oder Saatkrähe
(corvus corone), an die hier wohl zu denken ist.

[53] Halcyone, die Gemahlin des Königs Ceyx, stürzte sich ins Meer, als sie den
Leichnam ihres durch Schiffbruch verunglückten Gatten ans Land treiben sah.
Wegen dieser treuen Liebe wurden beide von Thetis in Eisvögel verwandelt, vgl.
Ovid, Verwandlungen XI, 410ff. Wenn der Eisvogel am Ufer sich sonnend mit
den Flügeln spielt, so galt dies als schlimmes Wetterzeichen. Übrigens ist hier
nicht der bei uns vorkommende gemeine Eisvogel (alcedo hispida) gemeint,
sondern der griechische Eisvogel (alcedo rudis), dessen Gefieder nur schwarz
und weiß ist. Er findet sich in den Nilländern und in Westasien sowie in
Dalmatien und Griechenland.

Aber es senkt sich der Nebel gemach und deckt die Gefilde;
Auch die westliche Sonn' auf hohem Giebel bemerkend,
Übt umsonst[54] ihr spätes Getön die jammernde Eule.
Hoch am gekläreten Himmel erscheint der schwebende Nisus[55]
,

405 Und für das purpurne Haar büßt ihm die Verräterin Szylla:
Wo sie luftige Höh'n im Entfliehn mit der Schwinge durch-
schneidet,
Siehe, voll feindlicher Wut, mit lautem Geräusch durch den
Äther
Folgt ihr Nisus umher; wo Nisus sich hebt in den Äther,
Fliehet sie, luftige Höh'n pfeilschnell mit der Schwinge durch-
schneidend.

410 Jetzo erschallt auch Raben aus hellerer Kehle ihr dreifach,
Ja vierfaches Gekreisch; und oft in erhabenen Lagern,
Über Gewohnheit entzückt von unerklärbarer Wollust,
Rauschen sie wild in dem Laube; sie freut's, da der Regen geen-
det,
Wieder ihr kleines Geschlecht und behagliches Nest zu besu-
chen.

415 Zwar nicht heg' ich den Wahn, weil jenen der Geist von der
Gottheit
Ausging, oder Verstand, der das Schicksal lenkt, sie beseelet,
Nein wenn jetzo der Sturm und die wankende Nässe des Him-
mels
Andere Bahnen gewählt, und Jupiter, triefend vom Südwind,
Dicht, was verdünnt war, drängt, und, was verdichtet war,

---

[54] Das Krächzen der Eule nach Sonnenuntergang galt in der Regel als Anzeichen
schlechten Wetters, ohne daß dies immer folgte.

[55] Der Feindschaft zwischen dem Meeradler und einem Ciris genannten Vogel
lag folgende Mythe zugrunde: Szylla, die Tochter des Königs Nisus von Megara,
schnitt, als Minos Megara belagerte, ihrem Vater die purpurne Haarlocke, von
der dessen Schicksal abhing, ab, um sie dem Minos zu geben. Dafür wurde sie in
den Vogel Ciris und Nisus in einen sie stets verfolgenden Meeradler verwandelt.
Diesen Mythus benutzt der Dichter zur Ausmalung des Spiels der Vögel bei
heiterem Himmel. Behandelt ist der Gegenstand in dem früher dem Vergil
zugeschriebenen Gedichte Ciris.

auflöst,

420 Wandelt sich auch der Seelen Gestalt, und Regungen füllen,
Andere nun, und andre, da Wind die Gewölke verfolgte,
Ihnen die Brust. Daher solch Vogelgeschrei in den Feldern,
Solcherlei Freude der Herd', und die jauchzende Kehle der Raben.

Wenn du zur eilenden Sonne jedoch und den folgenden Mondes-

425 Wandlungen wendest den Blick, nie mag dich die morgende Stunde
Täuschen und nie die Tücke der heiteren Nacht dich betrügen.
Wenn die erneuete Luna, das kehrende Feuer versammelnd,
Jetzo mit trübem Gehörn den dunkelen Äther umspannet,
Drohn unendliche Güsse dem Landmann sowie dem Schiffer.

430 Doch wenn das Antlitz ihr jungfräuliche bedecket,
Mahnt der Wind: vor dem Wind' errötet die goldene Phöbe.
Wenn nun am vierten des Laufs, denn der gibt treffende Deutung,
Klar und nicht mit stumpfem Gehörn sie den Himmel durchwandelt,
Dann ist völlig der Tag, und die ihm folgend heraufziehn,

435 Bis zum vollendeten Monde vor Wind und Regen gesichert,
Und ihr Gelübde bezahlen gerettete Schiffer am Meerstrand
Dir, Panopea, und Glaukus, und Inos Sohn Melicertes[56] .

Auch die Sonn', aufstrahlend, und wieder ins Meer sich verbergend[57]
Zeichnet die Luft; es folgen der Sonne untrügliche Zeichen,

,

---

[56] Glaukus war ein böotischer Fischer aus Anthedon, der sich nach dem Genusse eines betäubenden Krautes ins Meer stürzte und in einen wahrsagenden Meergott verwandelt wurde. – Panopea eine Nereide. – Ino, eine Tochter des Kadmus, stürzte sich, als sie von ihrem rasenden Gatten verfolgt wurde, mit ihrem Sohne Melicertes von einem Felsen ins Meer. Sie wurde in eine Meergottheit verwandelt und hieß als solche Leucothea; ihr Sohn heißt seitdem Palämon.

440 Beides die frühe sie trägt, und wenn auftauchen die Sterne,
Wird sie eben erwachend den Glanz mit Flecken besprenkeln,
Eingehüllt in die Wolk' und halb mit der Scheibe zurückfliehn,
Sehr dann hab' auf Regen Verdacht; denn hoch aus dem Meere
Stürmet der Saat und den Bäumen der Süd und der Herde zum
Unheil.

445 Aber wofern der Morgen ihr Licht durch gedrängete Wolken
Rings ausbrechende Strahlen umhergießt, oder Aurora
Bleich aufsteigend verläßt das vergoldete Lager des Tithon,
Ach, gar schlecht dann schirmet die reifenden Trauben das
Weinlaub,
So dicht prasselt herab auf das Dach der entsetzliche Hagel.

450 Des auch, wenn sie verläßt die durchwanderte Bahn des Olym-
pus,
Frommt dir wohl zu gedenken noch mehr. Dann schauen wir
oftmals,
Wie abwechselnde Farben der Sonn' umirren das Antlitz.
Blaugefleckt wird sie Regen verkündigen, feurig den Ostwind.
Aber sobald ihr Flecken zu rötlichem Feuer sich mischen,

455 Rings dann, schaue, zugleich von des Sturmes Gewalt und des
Regens
Strudelt es. Daß mir keiner in solcherlei Nacht durch die Meer-
flut
Rate zu gehn, noch dem Land' unklug zu entrücken das Schiffs-
tau.
Doch wofern, wenn sie bringet den Tag und senkt den gebrach-
ten,
Strahlt ihr leuchtender Kreis, umsonst dann schrecken dich
Schauer,

460 Und sanft siehst du die Wälder in hellem Norde beweget.

Kurz, was der Abend dir spät zuführ', ob heitere Wolken
Irgendwoher anwehn, ob laur' ein feuchtender Südwind,
Kündet die Sonne zuvor. Wer mag die Sonne der Falschheit

---

[57] Der Untergang der Gestirne wird bekanntlich als ein Untertauchen ins Meer
bezeichnet.

Schuldigen? Sie hat oft die Gefahr des verborgenen Aufruhrs

465 Angesagt und Verrat und heimlich gärende Kriege.
Sie blickt' auch auf Rom nach Cäsars Fall mit Erbarmung,
Als sie das strahlende Haupt in dunkele Bräune verhüllte,
Und vor ewiger Nacht sich fürchteten frevelnde Völker.

Damals zwar gab selber die Erd' und die Fluten des Meeres,

470 Unheildrohende Hund'[58] und unwillkommene Vögel,
Zeichen genug. Wie oft auf die Äcker umher die Zyklopen
Sahn wir im Schwall vorbrausen aus berstender Esse den Ätna,
Dem rotflammende Bäll' und geschmolzene Felsen[59] entrollten.
Klirrende Waffen vernahm Germania rings in des Äthers

475 Regem Gewölk; ungewohnter Erschütterung bebten die Alpen.
Auch ein häufiger Ruf durchscholl die schweigenden Haine
Mächtig, und die Gebild' in gräßlicher Todesblässe
Schwebeten durch Nachtdunkel; es redeten Tiere des Feldes,
Schauerlich! Ström' auch stehn, es zerspaltet das Land, ja vor
Wehmut

480 Tränet das Elfenbein und schwitzet das Erz in den Tempeln.
Hochauf schwoll, und, drehend in wütendem Strudel die Wäl-
der,
Trug der König der Ström' Eridanus durch die Gefilde
Weit mit den Ställen die Herden umher. Auch rastete nimmer
Traurigem Eingeweide der drohenden Fibern Erscheinung,

485 Noch den Brunnen die Ader des rötenden Blutes; und tief auch
Hallten in Mitternacht von heulenden Wölfen die Städte[60] .
Niemals sonst entzuckten dem heiteren Himmel so viele
Leuchtungen; niemals brannten so oft graunvolle Kometen.

---

[58] Wenn die Hunde des Nachts bellten, glaubte man, sie sähen Gespenster.

[59] Durch die Gluten eines ausbrechenden Vulkans können auch Steine geschmolzen werden; so beim Ausbruch des Vesuv im Jahre 1737.

[60] Es galt als böses Vorzeichen und wurde als Vorbedeutung eines bevorstehenden schlimmen Krieges angesehen, wenn Wölfe einer Stadt so nahe kamen, daß man ihr Geheul in der Stadt hörte. Auch Kometen (V. 488) hielten die Alten (wie auch heute noch abergläubische Menschen) für Verkündiger von allerlei Unglück.

Darum sah in der Schlacht zum zweiten Male Philippi

490 Scharen von römischen Bürgern mit gleichem Geschoß sich
begegnen;
Und nicht deucht' es die Himmlischen hart, daß Emathia zwie-
fach
Floß, und des Hämus Gefilde, mit unserem Blute getränket.
Siehe, dereinst wird kommen der Tag, da in jenen Bezirken,
Wenn mit gebogenem Pflug' er die Erd' aufwühlet, der Land-
mann

495 Römische Speer' auswühlt, vom schartigen Roste zerfressen,
Oder mit schwerem Karst hohlklingende Helme hervorschlägt,
Und anstaunet die großen Gebein' aus durchwühleten Grä-
bern[61] .

Heimische Mächte der Väter, und Romulus, Vesta du Mutter,
Welche den tuskischen Tiber und Roms Palatium schirmet,

500 Laßt ihn doch der zerrütteten Welt Heil bringen, den Jüngling.
Wehret ihm nicht: Schon haben wir längst mit unserem Blute
Abgebüßt Meineide der laodemontischen Troja[62] .
Schon vorlängst mißgönnet dich uns, o Cäsar, des Himmels
Königsburg, unwillig, daß Menschentriumph du noch achtest;

505 Hier, wo Recht sich verkehret und Unrecht, Krieg durch den
Erdkreis
Tobt, und des Greuls vielfache Gestalt, wo die Ehre des Pfluges
Hinschwand, öde das Feld die entführeten Pfleger betrauert,
Und zum starrenden Schwert umschmilzt die gebogene Sichel.
Dorther droht Euphrates[63] , und dort Germania Kriegswut;

---

[61] Nach dem Glauben der Alten ist das Menschengeschlecht im Laufe der Zeit
immer mehr ausgeartet und zu einem schwächeren und kleineren
herabgesunken, und darum wundern sich die Nachkommen über die Größe der
früheren Menschen.

[62] Nach der Sage verweigerte der trojanische König Laomedon dem Apollo und
Neptun, welche ihm die Mauern Trojas erbaut hatten, den ausbedungenen Lohn.

[63] Gegen die Parther, die Vergil hier durch den Euphrat bezeichnet, kämpfte
Antonius; um dieselbe Zeit (35 v. Chr.) war Agrippa gegen die Angriffe
deutscher Völkerschaften an den Rhein gezogen.

510 Nachbarstädte zerrütten den Bund miteinander und tragen
Feindliche Wehr; rings wütet der frevelnde Mars durch den
Erdkreis.
Wie wenn, aus offenen Schranken hervor sich stürzend, ein
Vierspann
Kreis vollendet auf Kreis, und umsonst das Gezäume der Lenker
Spannt; ihn entreißen die Ross', und es trotzt der Wagen den
Zügeln.

Zweiter Gesang

So weit über der Saat Anbau und des Himmels Gestirnen.
Nun dich, Bacchus[64] , besing' ich, mit dir auch waldiger Wildnis
Junges Gesproß, und die Pflanzung des langsam wachsenden
Ölbaums.
Hierher, Vater Lenäus! erfüllt ist alles mit deinem

5 Ehrengeschenk; dir prangt vom traubigen Herbst in Weinlaub
Blühend die Flur, dir schäumt vollauf in den Kufen die Lese.
Hierher, Vater Lenäus, o komm, und tauch' in den frischen
Most mit mir, des Kothurns entkleidet, die nackenden Füße.

Erstlich erwachsen die Bäum' aus mannigfaltiger Zeugung.

10 Einige, wenn auch nimmer ein Mensch sie nötiget, selber
Kommen sie willig hervor und beherrschen die Tal' und des
Flusses
Krummen Rand: wie die Weide des Sumpfs[65] und biegsame
Ginster[66] ,
Pappelgebüsch[67] , und ergrauend mit bläulichem Laube das
Weidicht.
Andere steigen empor aus gefallenem Samen; der hohe

---

[64] Bacchus ist nicht bloß der Gott des Weins und seiner Kultur, sondern auch der
Bäume und Baumfrüchte. Besonders aber wird er in diesem Gesange, der von
der Baumzucht handelt, angerufen, weil auch die Rede von den Reben ist.
Lenäus (V. 4) heißt er als Gott der Kelter.

[65] Ob unter siler eine Art Bach- oder Sumpfweide zu verstehen ist, ist
zweifelhaft; einige denken an eine Staude, deren Same zur Arznei diente und
wovon der Landmann Stäbe gegen die Schlangen trug.

[66] Genesta, ein Binsenpfriemenkraut (spartium iunceum), in Italien und
Griechenland heimisch, wird in Italiens Gärten wegen seiner schönen und
wohlriechenden Blüten gezogen und auch als Umzäunung benutzt. Die Zweige
dieser Pflanze geben, wenn sie wie Hanf behandelt werden, zähe Fasern für Seile
usw., doch werden sie wohl selten dazu benutzt. Die Blüten liefern den Bienen
Honigsaft.

[67] Gemeint ist entweder die Schwarzpappel (populus nigra) oder die
Silberpappel (populus alba), an die Zitterpappel (populus tremula), welche im
nördlichen Italien nur hier und da vorkommt, ist nicht zu denken.

15 Baum der Kastanie[68] und Eichen, die über Jupiters Haine
Wachsen heraus und der Griechen orakelredende Wipfel.
Anderen sproßt aus der Wurzel die dicht aufsteigende Wal-
dung,
Wie Kirschbäumen[69] und Ulmen; ja selbst der parnassische
Lorbeer[70]
Hebt sich, ein winziges Reis, im gewaltigen Schatten der Mut-
ter.

20 Diese Vermehrung gab die Natur erst, diesen entgrünet
All der Wälder und Stauden Geschlecht und der heiligen Haine.

Andere Weisen entdeckte auf eigener Bahn die Erfahrung.
Dieser pflanzt das Gesproß, vom zarten Leibe der Mutter
Abgelöst, in die Furche; der stampfet sich Äst' in die Äcker,

25 Und vierspaltige Schaft' und spitzige Pfähle von Kernholz.
Andere Waldung erharrt aus niedergebogenen Senkern
Junges Geschlecht, und es lebt im eigenen Boden der Nach-
wuchs.
Selbst der Wurzel entbehren noch andere; oben vom Wipfel
Waget der Erd' herbringend den Schoß zu vertrauen der
Schneitler.

30 Ja, dem zerschnittenen Strumpfe sogar, o wunderbar klingend,
Dringt aus trockenem Holze hervor die Wurzel des Ölbaums.
Oft auch sehn wir die Zweige des anderen Baums in des andern
Ungestraft ausarten, daß eingepropfet der Birnbaum
Äpfel trägt und mit Pflaumen die Steinkornelle sich rötet.

---

[68] Die Kastanie (fagus castanea) bildet, soweit der Boden kalkfrei ist, auf den
griechischen und italienischen Bergen große Wälder, wird auch vielfach
absichtlich angepflanzt. – Die Speiseeiche (quercus aesculus) ist in Italien jetzt
noch häufig; sie war, wie alle Eichen, dem Jupiter heilig, und aus dem Rauschen
der Eichen verkündeten die Priester, z. B. zu Dodona, den Willen der Gottheit.

[69] Nach Zerstörung der Stadt Cerasus im Pontus brachte Lucullus den
Kirschbaum mit, welcher nach jener Stadt benannt wurde. Übrigens wuchsen in
Italien auch schon vor der Zeit des Lucullus Kirschen, aber harte.

[70] Die schönsten Lorbeerbäume fanden sich auf dem Parnaß. Berühmt war der
Lorbeerhain von Delphi am Fuße dieses Berges.

3   Drum wohlan, und vernehmet der Arten besondere Pflege,
5   Männer der Flur, arbeitet die herberen Früchte zu mildern;
Und nicht träg' daliege das Land. Es ist schön, mit dem Fest-
wein
Ismarus'[71] Höh'n zu bepflanzen, mit Öl den hohen Taburnus.

Aber o komm und vollende mit mir die begonnene Laufbahn,

40 Du mein Stolz, du billig der bessere Teil mir des Ruhmes;
Huldreich gib, o Mäcenas, dem offenen Meere die Segel.
Zwar nicht alles mit meinem Gesang zu umfassen begehr' ich;
Nein, wenn auch hundert Zungen ich hätt', und hundert der
Kehlen,
Eiserne Stimm'. Komm, streife den Bord nur des nahen Gesta-
des,

45 Nah ist uns ja das Land. Nicht soll hier eitele Dichtung,
Noch umschweifender Prunk dich verziehn, und Länge des
Eingangs.

Welche Gewächse von selbst in die strahlende Luft sich erhe-
ben,
Fruchtlos steigen sie zwar, doch froh und mutiger Stärke.
Denn sie treibt im Boden Natur. Doch auch diese, wofern du

50 Einimpfst, aber verwandelt in lockere Gruben sie bergest,
Legen sie ab die wildere Art, und durch emsige Wartung
Folgen sie nicht halsstarrig, in welcherlei Zucht du sie rufest.
Auch der verödete Sproß, der den Stämmen entsprießet,
Tut dies gern, sobald du in freieres Feld ihn verteilest:

55 Jetzo verdumpft hochschattend mit Laub' und Gezweig' ihn die
Mutter,
Raubet des Wachstums Trieb und dörret die Kraft des Ertrages.
Endlich der Baum, der selbst aus gestreueten Samen empor-
stieg,
Strebt mit langsamer Mühe, dem späteren Enkel zu schatten,
Auch entartet sein Obst, der vorigen Säfte vergessend,

---

[71] Ismarus, ein Berg in Thrazien; Taburnus, ein Bergzug zwischen Samnium und
Kampanien, der zum Teil wegen seiner Ölpflanzungen berühmt war.

60 Und dem Gevögel zum Raub umhängt der Herling den Wein-
stock.

Siehe, bei allen bedarf's anhaltenden Fleißes, bei allen,
Daß du in Furchen sie reihst und mit großer Mühe sie pflegest.
Aber aus Kloben gedeiht dir der Ölbaum besser, aus Senkern
Rebanwachs, aus festem Gehölz die paphische Myrte[72] .

65 Kindlich sproßt um die Mutter die steinige Hasel, die hohe
Esche des Hains, und der Baum herkulischer Silberbekrän-
zung[73] ,
Samt des chaonischen Zeus Eichbaum; auch die luftige Palme
Sproßt alt Kind, und die Tanne, bedroht von Gefahren des Mee-
res.
Eingeimpft mit dem Reise der Nuß wird der struppige Hag-
baum,

70 Oft auch die öde Platane gebar vollhangende Äpfel.
Hell von Kastanien blüht die Buch', und die Orn' in des Birn-
baums
Prangender Weiß'; und die Eichel zermalmeten Säu' in dem
Ulmwald.

Nicht einfach ist die Art zu pfropfen und Augen zu legen.
Denn wo aus ebener Rinde der knospende Keim sich hervor-
drängt,

75 Und sein zartes Gewebe durchbricht, werd' enge gehöhlet
Grad' in den Knoten ein Spalt; hier schließ des anderen Baumes
Aug' hinein und lehr' es in saftiger Schale verwachsen.
Doch unknotige Geäst werd' abgesägt und mit Keilen
Tief ein Weg in die Härte gebahnt; dann füge des Obstes

80 Schwangeres Reis in den Spalt; nicht lange dauert's und mäch-
tig
Schwingt sich empor zum Himmel ein Baum mit fröhlichen
Zweigen,

---

[72] Die Myrte war der Venus heilig, die besonders in Paphos auf Zypern verehrt
wurde.
[73] Die Pappel war dem Herkules heilig.

Selber das neue Gesproß und nicht eigene Früchte bewundernd.

Ferner sind nicht eines Geschlechts die mächtigen Ulmen,
Nicht die Weid', und der Lotus[74] und nicht die Zypresse vom
Ida.

85 Auch den fetten Oliven[75] erwächst nicht einerlei Gattung,
Eirund hier, dort länglich, und dick mit herberer Beere,
Ungleich Obst in dem Hain des Alkinous[76] ; nicht auch erglüht
gleich
Syriens und Crustumiums[77] Birn', und die lastende Faustbirn'.
Nicht dieselbige Traub' entschwebt hier unseren Bäumen,

90 Welche der Lesbier pflückt von mehymnäischen[78] Reben.
Gibt es doch thasische[79] Weine und mareotische weiße,
Diese dem fetteren Grunde bequem, dem leichteren jene;

---

[74] Der cyrenäische Lotus ist am häufigsten und schönsten in der Nähe der Syrten in Afrika, auch in Italien, wenn auch ausgeartet, sehr häufig. – Die Zypresse war besonders auf dem kretischen Idaberge heimisch.

[75] Von den zahlreichen Olivenarten nennt Vergil nur drei vorzügliche: die ölreichste (Orchas), von eirunder Gestalt, die längliche, dem Weberschiffe ähnliche (Radius) und fleischigste und schmackhafteste (Pausia), aus welcher indessen, auch wenn sie noch unreif war, wo sie noch bittern Geschmack hatte, Öl gepreßt wurde.

[76] Der Obstgarten des Phäakenkönigs Alkinoos (s.) war sprichwörtlich geworden zur Bezeichnung fruchtbarer Obstbäume.

[77] Crustumium (Crustumeria, Crustumerium), eine sabinische Stadt nördlich von Rom und Fidenä, unfern vom linken Tiberufer, heute Monte rotondo. – Die syrische Birne war eine Art Bergamotte und wuchs besonders in der Gegend von Tarent.

[78] Methymna, die nördlichste und nächst Mytilene bedeutendste Stadt der Insel Lesbos, mit vortrefflichem Wein.

[79] Thasos und Lesbos, Inseln des Ägäischen Meeres. – An dem unterägyptischen See Mareotis (heute Mariuth) lag die Stadt Marea, von welcher der See den Namen hatte, und die zugleich Hauptstadt der anliegenden Landschaft war, welche reich an Palmen und Papyrus, aber auch reich an Weinen war, von denen der weiße besonders geschätzt war. Er war süß und mit scharfem, nicht astringierendem Bukett.

Psithische Kraft[80] , aus Rosinen gepreßt, auch feiner Lageos,
Einst den Fuß zu lähmen bestimmt und die Zunge zu fesseln;

95 Purpurwein und precischer Most; und wie rühmt mein Gesang
dich,
Rhätiker? doch nicht drum mit falernischen Zellen geeifert.
Auch aminäische Reben verleihn hochaltenden Kraftwein,
Welchem der Tmolier selbst nachsteht und der König Phanäus;
Dann Argitis die kleine, womit kein' andere streitet,

100 Weder so voll zu strömen, noch gleich viel Jahre zu dauern.
Auch dich, Rhodier, nicht, den Göttern wert und dem Nach-
tisch,
Übergeh' ich, noch dich, mit geschwollenen Trauben, Bumastus.
Aber wie reich an Arten sie sind, und an Namen wie vielfach,
Fehlet die Zahl, und nicht ja, in Zahl sie zu fassen, verlohnt es.

105 Wer sie zu zählen begehrt, der begehrt auch der libyschen Eb'ne
Sandgewühl zu erforschen, wie viel im Weste gewälzt wird;
Oder, stürmt in die Segel die Wut des gewaltigen Eurus,
Alle Gewog' um den Strand der ionischen Wasser zu zählen.

Doch vermag nicht jedes ein jeder Boden zu tragen,

110 Weiden umsprossen den Bach, es entsteigt die Erle des Sumpfes
Dickem Schlamm, und dem Felsengebirg' unfruchtbare Eschen;
Ufer grünen von Myrten am fröhlichsten, endlich der Weingott
Liebt die offenen Hügel, den Nord und die Fröste der Taxus[81] .

Schaue den Erdkreis auch, wo die äußersten Pflanzer ihn an-
baun,

115 [82] ;
Abgeteilt ist Bäumen ihr Land. Nur in Indien dunkelt

---

[80] »Psithische Kraft« und »feiner Lageos« sind Namen zweier griechischer
Weine. Die folgenden Namen bezeichnen teils italische, teils griechische, teils
asiatische Weine.

[81] Die Eibe (taxus baccata) kommt auf den Bergen Norditaliens noch an vielen
Stellen vor.

[82] Die sarmatische Völkerschaft der Gelonen, welche um den Borysthenes
(Dniepr) ihre Wohnsitze hatten, pflegten sich zu tätowieren, wie auch die

Ebenholz[83] , nur Saba gebiert die Zweige des Weihrauchs.
Was verkünde ich noch wohlriechendem Holze entquollne
Balsame[84] ? was dir die Beeren des immergrünen Akanthus[85] ,

120 Äthiopiens Haine, mit weicher Wolle beschimmert,
Und wie das zarte Gespinst von dem Laubabkämme der Serer[86]
?
Oder was India sonst, dem Oceanus näher, für Waldung
Trägt, die äußerste Bucht? wo über die luftigen Wipfel
Nimmer ein Pfeil von der Senne hinaufzustreben vermochte,

125 Und nicht kraftlos spielt doch jenes Geschlecht mit dem Köcher.
Medien zeugt den widrigen Saft und dauernden Nachschmack
Ihrem gesegneten Apfel[87] , vor dem kein schnelleres Labsal,
Wenn stiefmütterlich einst Unholdinnen Becher des Todes
Würzten und Kraut einmischten und nicht unschädliche Worte,

130 Rettend kommt, und verjagt das dunkele Gift aus den Gliedern.
Hochauf raget der Baum und gleich an Wuchse dem Lorbeer;
Ja, wenn nicht ein andres Gedüft er streuete ringsum,
Lorbeer selbst; hinfällig in keinem Winde die Blätter,
Lang' ausdauernd die Blume, womit sich der Meder den Atem

135 Frischt und des Mundes Geruch und heilt schweratmendes

Agathyrsen, ebenfalls ein sarmatisches Volk (Äneide IV, 146). Diese Sitte war bei
den barbarischen Völkern ziemlich weit verbreitet.

[83] Dieses von jeher beliebte, schwarze, schwere, feste, eine herrliche Politur
annehmende Holz kommt aus Ostindien, auch aus Afrika. – Über Saba s. zu .

[84] Der Balsamstrauch war in Judäa heimisch.

[85] Der Akanthus (mimosa nilotica) ist ein mittelgroßer Baum Oberägyptens mit
Dornen, welcher, wie mehrere andere afrikanische und indische Mimosen, das
gummi arabicum liefert.

[86] Nach der Vorstellung der Alten kämmten die Serer, ein indischer
Volksstamm, das Gespinst der Seidenraupe, das dort oft ganze Waldungen
bedecken sollte, von den Blättern der Bäume ab und bereiteten so Seide. Eine
richtige Vorstellung von der Lebensweise der Seidenraupe erhielten die Römer
erst, als die ersten Seidenraupen unter Kaiser Justinian nach Rom kamen.
Übrigens haben die Chinesen schon zur Zeit des Kaisers Yao, also 2700 Jahre vor
Christus, Seidenzucht betrieben.

[87] Wahrscheinlich die Pomeranze oder Zitrone, deren Saft hier als Gegengift
gerühmt wird.

Alter.

Aber nicht auch der Meder waldreiches und wallendes
Fruchtland,
Noch selbst Ganges der schön' und der goldgetrübete Hermus,
Wäg' um Italiens Ruhm Wettkampf, nicht Baktra, noch Inder,
Und Panchaïa[88] ganz mit des Weihrauchs fetten Gefilden.

140 Hier ward nicht von Stieren, die Glut ausschnoben, das Erd-
reich
Umgepflügt und mit Zähnen besät der entsetzliche Hyder,
Daß von Helmen und Lanzen gedrängt aufstarrte die Mannsaat.
Doch schwerhangende Frücht' und massischer Trank des Lyäus
Füllten es; ringsum blühn Ölbäum' und fröhliche Herden.

145 Hier erhebt sich das streitbare Roß hochragend ins Schlachtfeld,
Herden von hier, schneeweiß, und der Stier, o Clitumnus[89] , der
Opfer
Größestes, oft in deinem geheiligten Strome gebadet,
Führeten Roms Triumphe hinauf zu der Himmlischen Tempeln.
Hier ist ewiger Lenz, und in späten Monden noch Sommer;

150 Zweimal trächtig das Vieh, zweimal auch ergiebig der Obst-
baum.
Aber zerreißende Tiger sind fern, und grausamer Leuen
Schreckliche Brut, kein Giftkraut[90] betrog unglückliche Samm-
ler;
Nicht unermeßliche Kreise bewegt durch den Staub, noch ver-
sammelt
Sich so mächtigen Zuges die schuppige Schlang' in Geringel.

155 Dazu prangender Städte so viel, und kunstvolle Werke,
Festungen kühn mit der Hand auf Felsabhängen gebauet,
Und hinwallende Ströme durch altertümliche Mauern.

---

[88] Eine fabelhafte, durch ihre üppige Fruchtbarkeit berühmte Insel unweit der
Küste des glücklichen Arabiens.

[89] Kleiner Fluß in Umbrien (heute Clituno), an dessen Ufern man vorherrschend
weiße Rinderherden sah.

[90] Akonit, Eisenhut, eine schöne, aber giftige Pflanze, die auf den Höhen der
norditalischen Berge und Schweizer Alpen wächst.

Ob ich des Meers dort oben gedenk', und das unten heranspült[91]
?
Ob so gewaltiger Seen? dein, großer Larius, dein auch,

160 Der du mit Wogen des Meers und Gebraus' aufsteigst, Benacus?
Ob ich der Häfen gedenk' und des eingezwängten Lucrinus[92] ,
Und wie den Damm unbändig die zürnende Brandung umdonnert,
Dort wo die julische Flut von des Meers anstürzenden Wassern
Hallt, und Tyrrhenergewog' in den Sund eindringt dem Avernus?

165 Silberne Bäch' auch zeigte das Land und des Erzes Metalle
Hier in der Schachte Geäder und floß mit goldenem Reichtum.
Dieses erzog zu Helden der Marser[93] Geschlecht und Sabeller.
Ligurer, trotzend der Not, und Speere schwingende Volsker;
Decier[94] dies, und Marierkraft, und einen Camillus,

170 Streitbare Scipionen, und dich, o erhabener Cäsar,
Der du jetzt als Sieger an Asiens äußersten Küsten
Ferne von Roms Berghöhen den zagenden Indier scheuchest.
Heil dir, Mutter der Frücht', o saturnische Erde, der Männer
Pflegerin! dir, du Hohe, beginn' ich Werke von alter

---

[91] Das Adriatische und Tyrrhenische Meere.

[92] Der Lucrinus, ein salziger See in Unteritalien, war durch einen Damm vom Meerbusen von Cumä geschieden. Der nördlich davon gelegene Avernussee wurde mit dem Lucrinus verbunden und dadurch ein vom Meere aus zugänglicher Kriegshafen, der Portus Julius, von Augustus angelegt.

[93] Ein kriegerisches Volk in Latium am Fucinersee. – Sabeller ist ein älterer und dichterischer Name für Sabiner. – Die Volsker in Latium am Liris; die Ligurer waren ein Volk gallischer Abkunft im heutigen Bezirk von Genua.

[94] Der ältere Publius Decius opferte sich 340 v. Chr. in der Schlacht am Vesuv (Livius VIII, 9), der Sohn in der Schlacht bei Sentinum 295 v. Chr. (Livius X, 28). Cicero (Gespräche in Tusculum I, 37) läßt sogar noch den Enkel bei Asculum Apulum sich dem Tode weihen. – Marius, der Überwinder des Jugurtha und der Zimbern. – Furius Camillus, der Besieger der Vejenter (396) und Gallier (390; 367). – Die Scipionen sind vornehmlich der ältere Afrikanus, Besieger des Hannibal, sein Bruder Scipio Asiatikus und der jüngere, der Zerstörer von Karthago.

175 Würd' und Kunst, aufschließend die heiligen Borne mit Kühn-
heit,
Und Askräergesang[95] durch römische Städte verbreit' ich.

Jetzo gilt's die Naturen des Erdreichs: welcherlei Vorzug
Jeglichem, welcherlei Farb' und Kraft der Befruchtung verliehn
sei.
Unwillfährige Fluren zuerst und neidische Hügel,

180 Wo nur magerer Ton und Kies im Dornengefild' ist,
Liebt der Baum der Minerva, der lange lebende Ölbaum.
Dies bezeugt Oleandergehölz, das in selbiger Gegend
Dicht aufsproßt und die Felder mit wildernden Beeren bede-
cket.
Aber ein Grund, der fett und froh ist süßer Befeuchtung,

185 Dort, in Kräuter gehüllt, das segensschwangere Blachfeld,
Wie wir's oft im Gebirg' im gehöhleten Tale bewundernd
Überschaun, wo hinab von den Felshöh'n schmelzende Bäche
Glücklichen Schlamm mitführen, und dort, das erhoben am
Südwind
Farnkraut zum Verdruß des gekrümmten Pfluges ernähret,

190 Dieses beschatten dir einst großmächtige Reben, von Bacchus'
Feuergeiste durchströmt, dies prangt mit geschwollenen Trau-
ben,
Dieses mit Trank, dergleichen in Schalen wir weihn und in Gol-
de,
Wenn der feiste Tyrrhener[96] die elfenbeinerne Flöte
Bläst vor dem Altar, und Opfergeweide dampft in den Schüs-
seln.

195 Doch wenn Rinder vielmehr du begehrst und Pflege der Kälber,
Oder der Schaf' Anwachs und den Pflanzungen feindliche Zie-
gen,
Bergwaldung und Fernen gesucht, wie des satten Tarentum,

---

[95] D. h. das Lied des Hesiod, welcher aus Askra in Böotien stammte und in
seinem Gedichte »Werke und Tage« auch Landwirtschaftliches besingt.
[96] Zum Opferdienste wurden Tyrrhener (Etrusker) verwendet, die von den
Opfermahlzeiten fett wurden; sie bliesen die elfenbeinerne Flöte.

Und ein Gefild', wie's traurig die duldende Mantua[97] einbüßt,
Das schneefarbene Schwän' im grasigen Flusse bewirtet,

200 Nie an lautern Quellen gebricht's, noch an Weide der Herden,
Und so viel abrupfen am langen Tage die Rinder,
Gleichviel wird in kurzem erneut vom kühlenden Nachttau.

Dunkeles meist und dem Drucke der Schar fettscholliges Erdreich,
Und von lockerem Mulm (denn Lockerung ahmet der Pflug nach),

205 Dient dem Getreide mit Lust; aus keiner Ebene siehst du
Mehr Lastwagen nach Haus' abziehn mit langsamen Stieren.
Oder, woher unwillig den Wald abführte der Pflüger
Und die Gehölz' aufwühlte, die lang' untätig gerastet,
Und mit der Wurzel hervor die alte Behausung der Vögel

210 Störete: hochaufflogen die Schwärm' aus verlassenen Nestern;
Aber das rohe Gefild' erglänzte von furchender Pflugschar.
Denn der magere Kies des gehügelten Feldes gewährt kaum
Rosmarin und niedrige Cassiablumen[98] den Bienen;
Auch der schartige Tuff[99] und von schwärzlichen Nattern zernagte

215 Kreide behaupten mit Stolz, daß sonst kein Acker den Schlangen
Trage so leckere Weid' und gewundene Höhlungen biete.
Welches Land den Dunst aushaucht und flüchtige Nebel,

---

[97] Bekanntlich wurde nach der Besiegung des Brutus und Cassius ein großer Teil von Oberitalien an die Veteranen verteilt. Vergil erhielt durch Vermittlung des Asinius Pollion sein ihm genommenes Gut bei Mantua wieder.

[98] Nach Lenz ist an unserer Stelle und IV, 30 an daphne cneorum zu denken, eine Pflanze, die in Italien wild wächst, aber auch wegen ihrer schönen, wohlriechenden Blumen in Gärten gezogen wird.

[99] Unter Tuff(stein) versteht man lockere oder feste, poröse oder dichte Gesteinsmassen, die sich aus fließendem Wasser abgesetzt haben, oder ähnliche, die dadurch entstanden sind, daß erdige Massen und Gesteinsbrocken vom Wasser zusammengeschwemmt wurden und dann durch eine im Wasser aufgelöste Mineralmasse zusammengekittet wurden. Tuff- und Kreideboden gewährten den Schlangen Nahrung und Aufenthalt.

Gern die Feuchtigkeit trinkt und gern aus sich selber zurück-
gibt;
Welches dabei, stets grün, mit eigenem Grase sich kleidet,

220 Und kein Eisen durch Rost und salzige Schärfe verletzet,
Dieses umwebt dir die Ulmen mit freudigem Rebengewimmel;
Dies ist fruchtbar an Öl; dies findest du unter dem Anbau
So willfährig als Vieh, als mild der zackigen Pflugschar.
Solches bestellt reichblühend sich Capua, und des Vesuves

225 Nachbargefild' und der Clanis, nicht hold dem öden Acerrä.

Jetzt, wie du jegliches Land auskundigen mögest, erklär' ich.
Fragst du, ob locker es sei, ob mehr als gewöhnliches Land, fest,
Weil der Saat das eine gefällt, das andre dem Bacchus,
Dichteres mehr der Ceres, das lockerste mehr dem Lyäus –

230 Wähle zuvor umschauend den Ort und heiße des Bodens
Feste dir tief aushöhlen; zurück nun schaufle das Erdreich
All' in die Grub' und ebne den oberen Sand mit dem Fuße.
Mangelt es, dann ist locker, dem Vieh und der labenden Rebe
Besser geartet der Grund; doch sträubt sich wiederzukehren

235 Einiges und umragt Erdreich die gefüllete Höhlung,
Zäh ist dort das Gefild, hartnäckige Schollen und grobe
Rücken erwart' und brich mit kräftigen Stieren den Acker.
Aber ein salziges Land[100] , und das man bitter dir nennet,
Jeglicher Frucht abhold; denn nicht vom Pfluge gezähmt wird's,

240 Nicht dem Bacchus erhält es die Art, noch dem Obste die Na-
men,
Prüft sich bei solchem Versuch. Den Korb aus verdichtetem
Reisig
Nimm und des Kelterers Durchschlag herab von der rußigen

---

[100] Der Salzboden enthält leicht lösliche, nicht absorptiv gebundene Salze.
Gewöhnlich versteht man unter Salzboden nur die kochsalzhaltigen Böden;
hierher gehören aber auch die alaunhaltigen, eisenvitriolhaltigen, soda- und
salpeterhaltigen Böden; ebenso die Gipsböden, aus denen Gips oft »ausglüht«
(einen weißen Überzug auf dem Boden bildend) bzw. sich im Boden in großen
Kristallen ausscheidet. Auf salzigem und bitterem Boden gedeiht keine
Feldfrucht, und Wein und Obst entarten.

Decke[101] .
Drein den tückischen Grund mit süß aufwallender Quellflut
Fest dir gestampft bis zur Fülle: hervor dringt all das Gewässer,

245 Siehe, und groß nun gehn aus der weidenen Flechte die Trop-
fen,
Offenbar dann zeuget der herbe Geschmack, und empfindlich
Zerrt die bittere Schärfe des Kostenden mürrisches Antlitz.
Wo auch fett sei irgendein Land, das lehret uns endlich
Dieser Erfolg: nie wird es vom Wurf in den Händen zerkrü-
meln,

250 Sondern es klebt wie Pech, wenn du drückest, zäh an den Fin-
gern.
Feuchtes ernährt hochschossendes Kraut, und bläht sich in gei-
ler
Üppigkeit. Ach, nie müsse zu fruchtbar jenes mir wuchern,
Noch unmäßige Kraft in die grasigen Halme vergeuden!
Schweres Land wird durch eignes Gewicht stillschweigend sich
kundtun;

255 Leichteres auch. Schon flüchtig erkennt dein Auge, was schwarz
sei,
Oder wie jedes gefärbt. Doch schädliche Kälte zu finden,
Fordert Müh'; nur Kiefergehölz und schädlicher Taxus
Manchmal öffnen die Spur, und schwärzlich rankender Efeu.

Hast du solches bemerkt, wohlan, erst lange das Erdreich

260 Ausgekocht und mit Gräben die mächtigen Berge durchzogen,
Lang' erst rücklings dem Norde die liegenden Schollen gebrei-
tet,
Ehe du fröhliche Reben hineinsenkst. Besseres Land ist
Mürberes; dazu macht es der Wind und Strenge des Reifes
Und der erschütterte Hufen mit Macht aufwuchtende Gräber.

265 Aber ein Mann, der nichts von wachsamer Sorge versäumet,
Wählt gleichartigen Boden zuvor, wo des jungen Gebüsches

---

[101] Körbe und Gefäße sowie alle Geräte des Ackerbaus wurden zum Schutz vor
Feuchtigkeit unter den Dächern, wohin der Rauch Zutritt hatte und wo es
trocken war, aufbewahrt.

Saat aufsproßt und wohin sie bald auseinander verpflanzt wird,
Daß die veränderte Mutter nicht scheu mißkenne der Schößling.
Wird doch des Himmels Gegend sogar an die Rinde gezeichnet;

270 Jeglicher dann, wie er stand, auf welchem Teil er des Südes
Brand ertrug, und wo er dem Pol zuwandte den Rücken,
Wiedergestellt; so viel heißt zarterer Jugend Gewöhnung.

Ob du dem Hügel die Rebe vertraun sollst oder dem Blach-
feld,
Forsche zuvor. Wenn Äcker der fruchtbaren Eb'ne du abteilst,

275 Dicht sie bepflanzt; auch in dichtem Gedräng' nicht träger ist
Bacchus.
Wählst du des schrägen Gefild's Anhöh'n und Hügelgelände,
Gib den Ordnungen Raum. Nicht minder auch füge genau sich
Rings den gemessenen Bäumen der Gang mit kreuzendem
Quergang

[102] ,
Wie wenn zu schrecklichem Streite die Legion die Kohorten

280 Lang ausdehnt, und geordnet in offener Eb'ne der Heerzug
Steht, und die Kampfreihn streckt, dann weit umher von des
Erzes
Blinkendem Glanz aufwallet die Flur, noch Schlachtengewühl
nicht
Tobt, und der schwankende Mars noch irrt in der Mitte der
Heere.
Ringsum gleich sei alles verteilt durch Zahlen der Gänge,

285 Nicht daß dem Geist nur biete der Anblick nichtige Nahrung,
Nein, weil sonst nicht alle mit gleicher Stärke das Erdreich
Nährt, noch empor ins Freie den Wuchs ausbreiten die Äste.

Jetzo wie tief man grabe den Pflanzungen, forschest du etwa.
Herzhaft möcht' ich die Reb' auch der flacheren Furche vertrau-
en.

---

[102] Die Linien sollen sich genau ins Geviert fügen, in ihren End- oder
Durchschnittspunkten genau zusammentreffen. Die Bäume oder Reben wurden
in der Gestalt des quincunx gepflanzt, welche ein doppeltes V (quinque) bildet:
* * * * *
 * * * *
* * * * *
•
•

290 Aber der Baum wird tiefer hinab in die Erde gesenket,
   Jupiters Eiche zumal, die, soweit ihr Haupt zu des Äthers
   Lüften sie hebt, gleichweit in den Tartarus strecket die Wurzel.
   Darum vermag kein Winter, kein Sturm noch Regenerguß sie
   Auszudrehn; sie steht unbewegt, und viele der Enkel,

295 Viel hinrollende Leben besiegt ausdauernd ihr Alter:
   So kraftvollen Gezweigs, so weithin streckend die Arme
   Ringsum, wirft in der Mitte sie selbst den unendlichen Schatten.

   Nicht sei dir abhängig zur sinkenden Sonne der Weinberg,
   Nicht zur Reben die Hasel[103] gepflanzt; nicht schwankender
   Reiser

300 Oberstes nimm, noch schere vom obersten Baume den Setzling:
   So sehr liebt er die Erde. Auch nicht mit gestumpfetem Eisen
   Kränke den Sproß, noch misch' ihm des Ölbaums waldige
   Stämme[104] .
   Denn nicht selten entsank unachtsamen Hirten[105] ein Funke,
   Welcher anfangs geheim, von der öligen Rinde genähret,

305 Glomm und das Holz angriff, dann hoch in die Äste sich
   schwingend,
   Himmelan mit Getös' aufprasselte, und immer weiter
   Rings siegreich die Zweige beherrscht, rings luftige Wipfel
   Ganz in Glut einhüllet die Pflanzungen, und aus der pech-
   schwarz
   Qualmenden Nacht gen Himmel die dunkele Wolke hinauf-
   wälzt:

310 Wenn zumal noch Sturmes Gewalt hochher in den Rebhain

---

[103] Die Haselstaude hat einen starken Laubwuchs, und durch ihre zahlreichen und weitverzweigten Wurzeln schadet sie dem Weinstock. Vergil betrachtet die Haselstaude immer als wildwachsend.

[104] Vergil warnt vor der Sitte, auf den wilden Ölbaum den zahmen zu pfropfen, weil der neue Baum leicht wieder ausartet.

[105] Da nämlich die großen Baumpflanzungen auch Korn tragen mußten, weideten die Hirten auf den etwaigen Brachen ihre Rinder und Schafe und zündeten sich zuweilen ein Feuer an, das dann leicht die Pflanzung in Brand stecken konnte.

Niederstürzt und zuckend im Schwall fortdrängt die Entflam-
mung.
Ist das, nimmer geneset der Stamm, noch kehrt die beschnitt'ne
Rebe zurück und entgrünt mit ähnlichen Ranken dem Erdreich:
Heillos erhebt sein bitteres Laub der wildernde Ölbaum.

  3   Nicht auch laß dich verleiten vom klügelnden Rat des Beleh-
15 rers,
    Daß bei Boreas' Hauch die erstarrete Erde du pflügest.
Frostig schließt dann Kälte die Flur und wehret dem Sprößling,
Eingesenkt in das Land, die haftende Wurzel zu schmiegen.
Weinhöh'n werden am besten gepflanzt, wenn im purpurnen
Frühling

320 Kam der weißliche Vogel[106], das Graun langwindender
Schlangen,
    Auch in der herbstlichen Kühl' Annäherung, wenn mit Gewalt
Sol
Winterwärts schon treibt das Gespann, und der Sommer dahin
ist.
    Frühling zumal macht grün die Pflanzungen, Frühling die
Wälder;
Frühling schwellet die Erd', und zeugende Samen verlangt sie.

325 Doch der allmächtige Vater mit fruchtbarem Regen, der Äther,
    Senkt in den Schoß sich herab der lüsternen Gattin und nähret
Alles Geschlecht, der Große zum großen Leibe gesellet.
Jetzo erschallt entlegnes Gebüsch von melodischen Vögeln,
Und es begehen die Herden das jährige Fest der Vermählung.

330 Nährender Acker gebiert, und der Zephire mildem Gesäusel
    Öffnen die Felder den Schoß; es berauscht sich alles in Wachs-
tum.
Sicher auch wagen nun mehr der verjüngeten Sonne die Knos-
pen
Sich zu vertraun, nicht scheut aufsteigende Süde das Weinlaub,

---

[106] Der Storch macht sich durch Wegfangen der Schlangen (auch die giftige
Kreuzotter überwindet er leicht), Mäuse und Maulwürfe sehr nützlich; dagegen
ist er der Niederjagd sehr schädlich.

Noch vor gewaltigem Nord ansausende Güsse des Regens.

335 Ringsum drängt es die Keime und grünt mit entfalteten Blät-
tern.
Daß nicht andere Tag' im Beginn der erwachsenden Schöpfung
Angeleuchtet die Welt, noch andere Folge bewahret,
Glaub' ich gern. Lenz blühet' allein, Lenz feiert der große
Weltumfang, und es hemmte den frostigen Atem der Eurus;

340 Als zuerst Lichtströme die Herd' einsog, und der Männer
Erdengeschlecht[107] aufstreckte das Haupt aus harten Gefilden,
Als Waldtier' in die Forst', und Sterne eilten am Himmel[108] .
Schwerlich ertrug auch die zarte Natur das Toben des Jahres,
Wenn nicht ruhige Milde, von Frost und Hitze gesondert,

345 Herrschte, der neuen Erde ein freundlicher Himmel sich an-
nahm.

Übrigens, welcherlei Sprosse du einsenkst in die Gefilde,
Streue labenden Dung und deck' ihn reichlich mit Erde.
Grab auch schlürfende Kiesel umher und schleimige Mu-
scheln[109]   ,
Daß sich dadurch einschmiege die Näss', und leise der Wind-
hauch

350 Abwärts dring' und die Pflanzen ermutige. Manche sogar sind,
Die mit Gestein von oben und aufgehügelten Scherben
Lasteten; dies beut Schutz vor ergossenen Regengewittern,
Dies, wenn der feurige Hund die lechzenden Fluren zerspaltet.

Hast du die Pflanzen gereiht, dann trennt die Erd' auseinan-
der

---

[107] Daß die Menschen aus der Erde entstanden seien, war eine uralte Meinung.

[108] Die Sterne wurden von den Alten für lebende Wesen gehalten, die gleichsam
am Himmel weideten. Nach der Lehre der Stoiker war der Himmel »voll von
göttlichen Körpern, die man Sterne zu nennen pflegt«; so auch Ovid
(Verwandlungen I, 72ff.; Fasten III, 111) und Cicero (Vom Wesen der Götter
II, 42).

[109] Muscheln werden an den Rebstöcken noch heute eingegraben in der Nähe
der Stadt Trani in Italien, um einen würzigen Muskateller zu erzielen.

355 Oft um die Stämm' und schwinge mit Macht zweizahnige Kars-
te,
Oder durchackre den Grund mit lastender Pflugschar, und sel-
ber
Zwischen das Rebengehölz lenk' hin arbeitende Stiere.
Jetzt glattstämmiges Rohr und geschälete Stäbe des Reisigs
Füg', und eschene Pfähle daran und Gabeln der Weide,

360 Deren Kraft aufstreben sie lehr' und Winde verachten,
Bis sie den Wipfel der Ulm' auf ästigen Stufen erklettern.

Wenn zuerst aufgrünete der Reblinge jugendlich Alter,
Werde der zarten geschont; auch wenn sich fröhlich zur Luft
auf-
Schwinget das Reis, durch die Lüfte geschnellt mit verhängetem
Zügel,

365 Werde sie selbst noch nicht von schneidender Hippe versuchet,
Nein, mit gekrümmetem Finger pflück ab auslesend die Spros-
sen.
Aber sobald sie, die Ulme mit rüstigen Stämmen umwindend,
Hoch aufstieg, dann scher' ihr das Haar, dann stutze die Arme.
Früher verzagt dem Eisen ihr Mut, dann übe der Herrschaft

370 Strenges Gebot und zähme die wild ausschweifenden Ranken.

Flicht auch Zäune zur Wehr dem ganzen Viehe, besonders
Wenn noch zärtliches Laub sie ist, unkundig der Drangsal,
Daß nicht, bei des Sturms Unfug und der mächtigen Sonne
Büffel der Waldungen auch rastlos und gierige Rehe

375 Treiben ihr Spiel, abnasche das Schaf und die lüsterne Milch-
kuh.
Nie auch hat so Kälte, mit graulichem Reife gefrierend,
Oder den sonnigen Fels anprallende Schwüle des Sommers,
Ihr ein Verderb wie die Herde gebracht, und des grausamen
Zahnes
Gift, und die Narb' umher im benageten Stamme gezeichnet.

3 Nicht ob anderer Schuld muß allwärts auf den Altären
80 Bluten dem Bacchus ein Bock, und der Chor durchziehet nach

alter
Sitte die Bühne; dem Witz weiht auf Kreuzwegen in Dörfern
Theseus' Geschlecht ihn zum Lohn, und lustvoll unter den Be-
chern
Auf sanftrasigen Au'n durchsprangen sie ölige Schläuche.

385 Auch, die Troja gesandt, der ausonischen Fluren Bewohner,
Feiern mit rohem Gesang' ihr Fest und lustigem Lachen,
Und abscheuliche Larven gehöhlter Rinde sich nehmend,
Rufen sie dich, o Bacchus, in fröhlichen Liedern und hängen
Dir an ragender Fichte herab die beweglichen Bilder.

390 Davon erblüht ringsum mit reichlicher Lese der Weinberg,
Vollgedrängt sind Buchten des Tals und gewundene Anhöh'n,
Und wohin nur der Gott hinwendet sein strahlendes Antlitz.
Laßt denn nach heiligem Brauch sein Lob hochtönen dem Bac-
chus
In der Väter Gesang und tragt ihm Fladen und Schüsseln;

395 Steht auch am Horne geführt der verschuldete Bock vor dem
Altar,
Daß sein fettes Gekrös' am haselnen Spieße wir braten.

Noch wird andere Mühe geheischt zur Pflege des Weinstocks,
Und nie ruht vollendet das Werk. Ganz werde dir jährlich
Dreimal und viermal der Grund durchschnitten vom Pflug', und die Scholle

400 Stets mit gewendetem Karste zermalmt; auch vom Laube gerei-
nigt
Ganz der Hain. So kehret des Landmanns kreisende Arbeit
Und in sich selbst rollt immer durch eigene Spuren das Jahr um.
Schon vorlängst, wenn herbstlich der Weinberg senkte die Blät-
ter,
Und kaltatmender Nord dem Gehölz entraffte die Schönheit,

405 Dann schon dehnet die Sorg' in das kommende Jahr der Bestel-
ler

Eifrig, und mit gezahnter Saturnusklinge[110] verfolgt er
Scherend verödete Reben umher und bildet sie schneitelnd.
Grabe zuerst das Gefilde, zuerst auch brenne das Reisig
Abgeführt, und zuerst verwahre die Pfähle im Obdach;

410 Weinles' ernte zuletzt. Zweimal drängt Schatten den Weinstock,
Zweimal sproßt Fruchthainen in stickender Geile das Unkraut.
Hart ist beiderlei Müh'. Du lob' unermeßliche Felder,
Aber das kleine bestell'. Auch wird des gestachelten Brusches
Zähes Band in dem Wald', und am Flußgestade das Röhricht

415 Abgehaun; auch Sorge der wildernden Weide beschäftigt.
Schon ist gebunden der Wein, schon scheidet die Hippe vom
Ulmhain,
Schon singt der Winzer, ans Ende der Rebenpflanzung gekom-
men,
Dennoch stör' aufs neue die Flur und rege den Staub auf.
Ja der reifen Traub' ist Jupiters Wetter noch furchtbar.

4   Keiner Pfleg' hingegen bedarf die Oliv' und erwartet
20 Nicht die gebogene Hippe von uns noch reißende Karste,
Hat einmal sie gehaftet im Feld' und die Lüfte ertragen.
Selbst schon bietet die Erde, vom hakigen Zahne geöffnet,
Saft den Sprößlingen dar, und gepflügt, vollhangende Früchte.

425 Darum pflanz' dir den fetten, dem Frieden geheiligten Ölbaum.

    Ferner das Obst, sobald es die Macht erst fühlte des Stammes,
Und selbständige Stärke gewann, eilfertig zum Himmel
Strebt's durch eigene Kraft, nicht unserer Hilfe begehrend.

    Auch nicht minder indes hängt fruchtschwer jegliche Wal-
dung.

430 Blutig von Beeren erglühet die einsame Vogelbehausung.
Zytisuslaub schert man, Kienfeuerung spendet der Bergforst,
Daß die nächtliche Flamme sich nährt und Leuchtung umher-
gießt.
[Und doch säumet der Mensch, auf Pflanzungen Sorge zu wen-

---

[110] Saturn wurde als Gott der Anpflanzungen mit einer gekrümmten Hippe, die
von der vorgebogenen Spitze dens (Zahn) heißt, in der Hand dargestellt.

den!]
Soll ich das Größre durchgehn? Schon Weid' und niedrige Ginster,

435 Jetzo dem Vieh gewähren sie Laub, jetzt Hirten des Schattens
Kühlungen, jetzt auch Gehege der Saat und dem Honige Nahrung,
Und er erfreut, dort wallend von Buxus zu schaun den Cytorus[111] ,
Dort des narycischen Peches Gehölz[112] und den Segen der Äcker,
Die nichts menschlichem Karst, nichts einiger Sorge verdanken.

440 Selbst auf des Kaukasus Scheitel die fruchtlos grünenden Wälder,
Welche des Ostes Orkan' ohn' Ende durchwehn und zerschmettern,
Geben verschiednen Ertrag; sie geben uns nützliches Bauholz,
Fichtene Masten für Schiff' und Zypress' und Zeder den Häusern,
Dorther Speichen ins Rad, und dorther Rollen der Lastfuhr,

445 Rundet der ländliche Mann und bäuchige Kiele den Schiffen.
Fruchtbar an biegsamem Reis ist die Weid', an Laube der Ulmbaum,
Aber die Myrt' an tüchtigem Speerholz, samt der Kornelle
Krieg'rischem Stamm, auch krümmt ituräische[113] Bogen der Taxus.
Nicht glattädrige Linde, noch Meißelung liebender Buchsbaum[114] ,

450 Sträubt sich Gestalt zu empfahn und scharfem Stahl sich zu

---

[111] Berg und Stadt in Paphlagonien. Noch jetzt sind dort die ausgedehnten Wälder von Eichen, Buchen, Nadelholz und Kastanien.

[112] Die opuntischen Lokrer aus Naryx gründeten die Kolonie Lokri in Bruttium, deren Bewohner sich besonders mit der Gewinnung des Pechs beschäftigten, das die Pechföhre des großen Bergwaldes Sila reichlich lieferte.

[113] Die Ituräer, die heutigen Drusen in Syrien, waren berühmte Bogenschützen.

[114] Der Buchsbaum, im nördlichen Griechenland heimisch, wuchs in Italien wild, fand sich aber auch häufig in Gärten und Parkanlagen.

fügen.
Gern auch schwimmt leichtwallend die Erd' in des reißenden
Padus
Vollem Erguß, und gerne verkriechen sich Schwärme der Bie-
nen
In umwölbender Rind' und der Steineich' fauligem Schoße.

Was so würdigen Ruhms hat baccische Gabe gewähret?

455 Bacchus gab auch zu Schuld Anreizungen, er bezwang auch
Tolles Zentaurengeschlecht[115] durch Mord, und Rhötus und
Tholus,
Und, der des Mischkrugs Last auf Lapithen erhob, den Hyläus.

Wahrlich, allzu beglückt, wenn eigenes Wohl er erkennte,
Wäre der ländliche Mann, dem, fern von Waffen der Zwie-
tracht,

460 Willig den leichten Bedarf darbeut die gerechteste Erde.
Wenn kein hoher Palast ihm gedrängt durch prangende Pforten
Frühe den Schwall der Begrüßer[116] aus ganzen Sälen hervor-
strömt;
Nicht nach Pfosten er giert von schöngesprenkeltem Schildpatt,
Oder nach goldgesticktem Gewand und ephyrischem Erze[117] ,

465 Nicht schneefarbige Woll' in Assyrierbeize sich schminket,
Noch von Zimt der Gebrauch des lauteren Öles gefälscht wird;
Doch behagliche Ruh', und ein truglos gleitendes Leben,
Reich an mancherlei Gut, doch Muß' bei geräumigen Feldern,
Grotten und lebende Teich', ein Kühlung atmendes Tempe,

470 Rindergebrüll, und im Wehen des Baums sanftwiegender

---

[115] Die dem Weine ergebenen thessalischen Zentauren lebten in fortwährendem
Hader. Bei der Hochzeitsfeier des Lapithen Pirithous wollten sie in der
Trunkenheit die Braut Hippodamia entführen und wurden in dem darüber
entstandenen Streit getötet.
[116] Die Schützlinge oder Klienten pflegten am Morgen ihren Schutzherrn oder
Patronen Ihren Morgengruß darzubringen und ihre Aufwartung zu machen.
[117] Ephyra war der alte Name für Korinth. Künstliche Gefäße aus korinthischem
Erz wurden bei den Römern höher als goldene und silberne geschätzt. Das
korinthische Erz war eine Mischung von Kupfer, Gold und Silber.

Schlummer
Fehlen ihm nicht. Bergwälder sind dort und Lager des Wildes,
Dort, unermüdet zum Werk, bei wenigen fröhliche Jugend,
Heilige Götterfest', und ein Alter in Ehren; zuletzt noch
Hat die Gerechtigkeit dort, von der Erd' abscheidend, gewan-
delt.

4   O daß mich doch zuerst die vor allem geliebtesten Musen,
75 Deren Priester ich bin, durchbebt von entzückender Inbrunst,
    Weiheten, daß sie Gestirn' und ätherische Pfade mir zeigten,
    Mannigfalt'ge Verdunklung der Sonn' und des ringenden Mon-
des;
    Was Erdbeben erregt, was flutende Meere gewaltsam

480 Über die Dämm' aufschwellt und zurück die flutenden senket;
    Warum winternde Sonne so rasch zum Oceanus nieder
    Taucht und welcher Verzug die säumigen Nächte so aufhält.

    Doch wenn diesem Gebiet der Natur annahen zu können,
    Etwa frostiges Blut in des Herzens Pulsen mich hindert,

485 Sein mir Felder erwünscht und wässernde Flüss' in den Tälern,
    Lieb' ich Bäch' und Gehölz' auch ruhmlos. Oh, in Spercheos'
    Ebenen, und wo Taygetos hallt von laconischer Jungfrau'n
    Bacchustanz, oh, wer leitet in kühlende Täler des Hämus
    Meinen Gang, mich zu decken in mächtiger Schattenbelaubung?

4   Selig, wem es gelang, der Ding' Ursprung zu ergründen,
90 Und wer jegliche Furcht und das unerbittliche Schicksal
    Niedertrat, das Getöse des gierigen Acheron höhnend.
    Aber beglückt auch der, der ländliche Götter erkennet,
    Pan, und Silvanus den Greis, und die Schwesterchöre der
    Nymphen.

495 Nicht Machtstäbe des Volks, nicht Purpur der Könige rührt ihn,
    Nicht Zwietracht, die zum Kampf aufregt treulose Gebrüder,
    Noch ob der Dacier Schar vom verschworenen Ister herabsteigt,
    Nicht romanische Mächt' und zerfallene Größen, und niemals
    Kümmerten ihn Verarmte mit Gram noch Reiche mit Scheel-
    sucht.

500 Was sein Baum ihm an Frucht, was selbst sein williger Acker
   Gerne gebracht, das pflückt' er; er sah nicht eiserne Rechte
   Oder den tobenden Markt und des Volks urkundenden Tempel.

   Andere stören mit Rudern des Meers Heimtück', in den
   Mordstahl
   Rennen sie oder durchdringen die Schwellen und Höfe der
   Fürsten.

505 Dieser droht Zerstörung der Stadt und den armen Penaten,
   Daß er trink' aus Juwelen und schlaf' in sarranischem[118] Purpur.
   Gut häuft jener und liegt auf vergrabenem Schatz des Goldes,
   Dieser starrt vor der Bühne des Redenden; jener im Schauplatz
   Gafft dem Geklatsch, (zwiefach ja erscholl's, von dem Volk und
   den Vätern)

510 Tieferstaunt. Man freut sich, besprengt mit dem Blute der Brü-
   der,
   Und landflüchtig vertauscht man das Haus und die süßen Ge-
   mächer,
   Suchend ein Vaterland, das andere Sonnen beleuchten.

   Aber der Landmann furcht mit gebogenem Pfluge das Erd-
   reich:
   Dieses die Jahrarbeit; so nährt er sein Land und die kleinen

515 Enkelchen, so die Herde der Küh' und den würdigen Pflugstier.
   Nie auch rastet das Jahr, ihn bald mit Obst zu beglücken,
   Bald mit Segen der Trift, bald körnigen Garben der Ceres,
   Daß von Erträgen belastet die Flur und der Speicher bedrückt
   wird.
   Nahte der Frost, dann preßt er das Öl sekyonischer Beeren;

520 Fröhlich kehren die Säu' aus der Eichmast; Arbutusreiser
   Bietet der Wald, und es häufet der Herbst vielfarbige Früchte,
   Und hoch reifet die Traube, gereift an sonniger Felswand.
   Schmeichelnd hangen indes um Vaterküsse die Kindlein;
   Keuschheit wahret das züchtige Haus, milchschwellende Euter

---

[118] D. i. tyrischer Purpur. Der alte Name von Tyrus war Sar, woraus bei den
Römern Sarra wurde.

525 Senken die Kühe herab, und fett in fröhlicher Grasung
Kämpfen mit angestrengtem Gehörn wetteifernde Böcklein.
Feste ordnet er selbst; gelagert auf rasigem Anger,
Wo um den flammenden Herd den Krug die Genossen bekränzen,
Sprenget er dir, Lenäus, und fleht, und den Hirten der Walddrift

530 Hängt er des hurtigen Speers Kampfspreis' an den ragenden Ulmbaum,
Und zum ländlichen Ringen entblößen sie stämmige Glieder.

Solch ein Leben führten vordem die alten Sabiner,
Solches der Rhea Geschlecht, so wuchs Etruria machtvoll;
Siehe, und herrlich erhub sich des Weltalls Königin Roma,

535 Sieben Höhen sich selbst mit vereinender Mauer umschließend.
Eh' auch das Zepter empfing der diktäische König[119] , und ehe
Noch ein Frevlergeschlecht geschwelgt in geschlachteten Stieren[120] ,
Führete solch ein Leben die Welt des goldnen Saturnus.
Nicht auch hörete man, wie das Kriegshorn schmetterte, nie auch

540 Daß von Hammergedröhn auf dem Amboß klirrten die Schwerter.

Doch unermeßliche Räum' hat uns vollendet die Laufbahn;
Zeit schon ist es, der Ross' aufdampfenden Nacken zu lösen.

---

[119] Jupiter war der Sage nach in der diktäischen Grotte auf Kreta geboren und seine Regierung folgte auf das goldene Zeitalter des Saturnus.

[120] Das Rind stand in der ältesten Zeit in so hoher Ehre, daß es ein ebenso großes Verbrechen war, ein Rind, wie einen Menschen zu töten. Übrigens sagt Aratus, daß man schon im ehernen Zeitalter anfing, das Fleisch der Pflugtiere zu genießen.

Dritter Gesang

Dich auch, Herrscherin Pales[121] , und dich, Ruhmvoller, besing'   ich,

---

[121] S. die Anm. zu .

Hirt von Amphrysus' Strom, dich, Wald und Bach des Lycäus[122]
.

Anderes, was im Gesange des Ruhenden Seele gefesselt,
Sank schon alles verbraucht. Wer kennt nicht längst des Eurystheus[123]

5 Grausamkeit, nicht die Altäre des nicht preiswerten Busiris?
Wem nicht klangst du, Hylas[124] , o Knab', und latonische Delos?
Wem Hippodame[125] nicht, und mit elfenbeinener Schulter
Pelops, der reisige Held? Ich versuche die Bahn, die mich selber
Hebe vom Staub', im Triumphe dem Volk auf den Lippen zu
schweben.

1 Ich will zuerst, wenn ich kehre zurück, und das Leben mir
0 ausreicht,
Führen zur heimischen Flur vom Aoniergipfel[126] die Musen,
Und idumäische Palmen[127] zuerst dir, Mantua, bringen.
Dort auf grünem Gefild' ersteh' ein Tempel aus Marmor
Nahe der Flut, wo mächtig in langsamer Krümmung umherirrt

15 Mincius und die Gestade mit zartem Rohre verbrämet.
Cäsar soll, in die Mitte gestellt, mir den Tempel beherrschen.
Ihm will ich als Sieger, umstaunt in tyrischem Purpur,

---

[122] S. die Anm. zu .

[123] Eurytheus legte dem Herkules die bekannten zwölf Arbeiten auf. – Busiris,
ein grausamer König Ägyptens, der alle Fremden als Menschenopfer darbrachte,
wurde von Herkules, als dieser die goldenen Äpfel aus dem Garten der
Hesperiden geholt hatte, und bei seiner Rückkehr durch Ägypten kam, auf den
eigenen Altären hingeschlachtet.

[124] S. die Anm. zu .

[125] Pelops freite um Hippodamia, die Tochter des Königs Önomaus von Pisa,
und gewann sie, indem er ihrem Vater mit Hilfe eines verräterischen
Wagenlenkers bei dem angebotenen Wettkampf zu Wagen den Tod befreite.

[126] In Aonien (mythischer Name Böotiens) lag der Helikon, der Aufenthaltsort
der Musen.

[127] Idumäa, das Land Edom, ein Teil Judäas, war berühmt durch Palmenwälder.
Die Palme, das Sinnbild des Siegers, war in Palästina offenbar einst weit
verbreitet, da sie häufig als Münzemblem erscheint; besonders häufig bei Jericho,
der »Palmenstadt«, wo es noch zur Zeit der Kreuzzüge viele Palmen gab.

Hundert Viergespanne zum Kampf an die Strömungen treiben.
Sämtlich zu mir vom Alpheos[128] gewandt und den Hainen Mo-
lorchus',

20 Eifere Hellas im Laufen und dem Schwung stierlederner Bin-
den.
Selber, das Haupt mit Laube gekrönt des geschnittenen Öl-
zweigs,
Bring' ich Geschenk'. Schon jetzt, o Wonne mir, führ' ich zum
Tempel
Stolz das Feiergepräng' und schaue die blutenden Stiere;
Dann wie die Szen' abweicht mit gedrehten Stirnen, und auf-
wärts

25 Purpurne Vorhäng' heben die eingewirkten Britanner[129].
Hell an den Pforten aus Gold und Elfenbeine mir bild ich
Gangaridengefecht[130] und die Waffen des Siegers Quirinus[131],
Auch wie zunächst aufwoget mit Krieg und mächtig einher-
strömt
Nilus, und hoch in Säulen das Erz der Schnäbel emporsteigt,

---

[128] Durch den Alpheus, einen Fluß, der bei Olympia in Elis vorbeifloß, werden
die Olympischen Spiele bezeichnet, während durch Molorchus auf die
Nemeischen Spiele hingedeutet wird. Molorchus war der Hirt, der den Herkules
aufnahm, als dieser nach Erlegung des nemeischen Löwen die Nemeischen
Spiele einsetzte.

[129] Der Vorhang der alten Theater wurde, da er unten befestigt war, beim
Beginne der Vorstellung herabgezogen, beim Schlusse hinaufgezogen, nicht, wie
bei uns, herabgezogen. Die auf dem Vorhang eingewirkten oder gemalten Bilder
wurden demnach zuerst mit den Köpfen, zuletzt mit den Füßen sichtbar. Mit
»Britanner« wird jedenfalls auf die Unterwerfung derselben hingedeutet, welche
an Oktavian, als er sie von Gallien aus bekriegte, Gesandte mit der Bitte um
Frieden schickten.

[130] Die Gangariden waren eine mächtige Völkerschaft Indiens jenseits des
Ganges.

[131] Den Ehrennamen Quirinus gibt Vergil dem Oktavian, weil er durch die
Besiegung des Antonius dem römischen Staate Ruhe und Sicherheit wieder
verschafft hat.

30 Asiens dienende Städte zugleich und den scheuen Niphates[132] .
   Und wir der Parther auf Flucht und gewendete Pfeile vertrau-
   te[133] ,
   Und zwei Trophäen, entrissen den Feinden im Osten und Wes-
   ten,
   Und zwiefachen Triumph von beiderlei Rande des Weltmeers.
   Auch aus parischem Fels ringsher in atmenden Bildern[134]

35 Steh' Assarakus' Stamm und das Heldengeschlecht des erhab-
   nen
   Jupiter, Tros auch der Ahn und Trojas Gründer Apollo[135] .
   Der unselige Neid[136] soll Furien und des Cocytus
   Drohenden Strom mir scheun, und Ixions Schlangengewickel
   Samt dem entsetzlichen Rad' und dem unbezwingbaren Fels-
   block.

4   Kühn indes der Dryaden Gehölz und Schlüfte durchwall' ich,
     Unbetretenen Wald[137]   , wie   du   mir   befohlen, Mäcenas.

---

[132] Häufig wird von den Dichtern durch einen Berg oder Fluß das Land und
seine Einwohner (hier Armenier) bezeichnet. Der Niphates ist ein Teil des
Taurusgebirges in Armenien, nach anderen soll es ein Bergstrom sein, der mit
dem Tigris, der auf diesem Berge entspringt, identisch ist.

[133] Bei den Parthern war es Sitte, eine scheinbare Flucht zu ergreifen und dann
plötzlich ihre Pfeile gegen den Feind zu richten.

[134] Im Innern des Tempels sollen die Bilder der Stammeltern des julischen
Geschlechts aufgestellt werden. Dieses Geschlecht, in das Oktavian durch
Adoption gekommen war, berief sich auf folgenden Stammbaum: Jupiter,
Dardanus, Tros, Assaracus, Capys, Anchises, Äneas, Ascanius oder Julus.

[135] Apollo, welcher der Sage nach mit Neptun die Mauern der Burg Trojas
erbaut hatte, wurde von den Römern für den Schutzgott des Augustus, im
Volksglauben sogar für dessen Vater gehalten.

[136] Die folgenden Bilder stellen dar den in den Tartarus verbannten Neid, der
vor den Furien, vor dem Strome der Unterwelt und den Strafen der Verbrecher
selbst zurückbebt. Der Neid als Ursache der bürgerlichen Unruhen wird als
überwunden und gelähmt vorgestellt. Der Cocytus ist der Strom der Klage. Ixion
wurde für den Versuch, Hera zu entehren, in der Unterwelt mit Schlangen an ein
immer rollendes Rad gebunden. Durch das Wälzen des Felsblocks wird Sisyphus
in der Unterwelt bestraft, weil er die Geheimnisse der Götter verraten oder
durch Raub und Grausamkeit die Menschen gequält hat.

[137] Denn noch kein römischer Dichter hatte die Viehzucht zum Gegenstand eines
Gedichtes gemacht.

0   Ohne dich wagt nichts Hohes der Geist. Wohlan, und entreiß'
dich

Trägem Verzug. Hier ruft machtvollen Geschreis der Cithäron[138]
,

Hier des Taygetos Hund' und, von Rossen umtrabt, Epidaurus,

45 Daß antwortend der Forst die verdoppelten Halle zurückbrüllt.
Aber dann rüst' ich mich bald, die heißen Schlachten zu singen
Cäsars, daß sein Name so viele Jahre durchtöne,
Als von Tithonus[139] an bis herab auf Cäsar er zählet.

  Ob ein Mann, von dem Preis der olympischen Palme beseligt,

50 Rosse sich hält, ob einer am Pflug ausharrende Stiere,
Sorgsam wähl' er den Leib der Gebärerin. Trotzigen Ansehns
Sei die Kuh, unzierlich ihr Kopf und mächtig der Nacken,
Der auch tief zu den Beinen vom Kinn die Wampe herabhängt;
Lang die Seite gestreckt, die unendliche, alles gewaltig,

55 Fuß auch, und zottige Ohren an eingebogenen Hörnern.
Auch mißfalle mir nicht, die mit sprenkelnder Weiße hervor-
scheint,
Oder dem Joche sich sträubt und manchmal droht mit dem
Horne,
Nicht unähnlich dem Stier an Gestalt und erhabenen Wuchses,
Und die im Gang die Spuren mit niederem Schweife zerfeget.

60 Ihre Zeit, die Lucina, und Hymens Recht zu erdulden,
Höret auf vor dem zehnten, beginnt nach dem vierten der Jah-
re[140] ,

---

[138] Die Waldgebirge Cithäron in Böotien und Taygetus in Lakonien boten
treffliche Weideplätze und viel Wild zur Jagd dar. Die Hirten beschäftigten sich
nämlich auch mit der Jagd; unter den Jagdhunden waren die lakonischen die
besten und neben diesen die umbrischen. – Unter Epidaurus ist hier nicht das
illyrische, sondern das in der peloponnesischen Landschaft Argolis zu verstehen,
berühmt durch seine edlen Rosse.

[139] Tithonus war als Sohn des Laomedon und Urenkel des Tros Stammvater des
julischen Geschlechtes genannt.

[140] Für das Alter der Kühe zum Zulassen läßt sich keine bestimmte Regel
feststellen; das Alter ist verschieden je nach Anlage zur Frühreife, nach Art der
Fütterung und den zu erzielenden Nutzungszwecken.

Drüber hinaus ist sie weder zur Zucht noch zum Pfluge dir
brauchbar.
Unterdes, weil blühet die Herd' in üppiger Jugend,
Löse den Stier, und eile, die brünstige Trift zu vermählen,

65 Daß du Geschlecht auf Geschlecht durch Zeugung immer er-
gänzest.
Jeder bessere Tag in der armen Sterblichen Leben
Fliehet gar schnell, es erfolgt Krankheit und trauriges Alter,
Mühsal rafft und Strenge des unbarmherzigen Todes.
Immer sind, die du gern um stärkere Mütter vertauschtest,

70 Immer ersetzt sie dann, und daß du Verlust nicht bereuest,
Komm zuvor und verjünge die Herd' in jährlichem Nachwuchs.

Auch der Schwarm des Gestütes bedarf nicht minder der
Auswahl.
Doch ihn, welchen zur Hoffnung des Stamms zu erziehn du
gedenkest,
Pflege mit emsiger Sorge sogleich von der frühesten Jugend.

75 Jugendlich trabt ein Füllen aus edlerem Blut in den Feldern
Höheren Ganges einher und hebt die geschmeidigen Schenkel.
Vorzurennen im Weg' und den drohenden Strom zu versuchen
Wagt es kühn und vertraut sich der betretenen Brücke,
Unerschreckt vor leerem Geräusch. Hochragenden Halses

80 Ist es und feineren Haupts, dünnbäuchig mit fleischigem Rü-
cken;
Und vollmuskelig strotzt ihm die mutige Brust. Der begehrteren
Farbe ist braun und geapfeltes Grau, der schlechteren gelblich
Oder weiß. Dann, wenn ein Getön fern hallte von Waffen,
Unstet stampfet es, spitzet das Ohr und erbebt an den Gliedern,

85 Schnaubend auch rollt's aus den Nüstern den Dampf des ge-
sammelten Feuers.
Dicht ist die Mähn', und sinket geweht auf die rechte der Schul-
tern,
Doppelt läuft durch die Lenden der Rückgrat hin, in die Erd'
auch
Höhlet es und laut schallt mit gediegenem Horne der Huf-

schlag.
Also prangte, von Pollux dem Amykläer[141] gebändigt,

90 Cyllarus, und, die der Grieche im Heldenliede gefeiert,
Mars' zweispännige Ross', und der Zug des großen Achilles.
Also schüttelte selber die Mähn' um den Nacken des Rosses
Rasch, von der kommenden Gattin gescheucht, Saturnus, und ringsum
Füllt er Pelions Höh'n im Entfliehn mit hellem Gewieher[142] .

9 Den auch, haben ihn Seuch' und trägeres Alter entkräftet,
5 Birg' in dem Haus' und erbarme dich nicht des entstellenden Alters.
Frostig schleicht der Verlebte zur Braut und müht sich vergebens
In undankbarem Dienst; und kommt's doch endlich zum Kampfe,
Wie durch Stoppelgefild' ein kraftlos flatterndes Feuer,

100 Tobt er machtlos. Darum den Mut und die Frische des Alters
Merke zumeist; dann andre Dinge, den Stammbaum der Tiere,
Auch wie gekränkt der Besiegte, wie stolz der Palm' er einherging.
Schauest du nicht, wann hastig im Flug wetteifernde Wagen
Über den Plan hinstürzen, geöffneten Schranken entrollend,

105 Wann die Hoffnung gespannt in der Jünglinge klopfenden Herzen
Wühlt und pochende Angst? Vorwärts mit geschwungener Geißel
Drohn sie, die Zügel gelöst; mit Gewalt rast glühend die Achse.
Jetzo gesenkt, und jetzo erhöht, auf scheinen sie schwebend
Wie durch Öde der Luft und emporgetragen zum Himmel.

---

[141] Amyklä, Stadt in Lakonien, wo Castor und Pollux geboren sein sollen, welche als Pferdebändiger berühmt waren und von Neptun die Rosse Xanthus und Cyllarus zum Geschenk erhalten hatten.
[142] Saturnus, von seiner Gemahlin Ops bei der Philyra, einer Tochter des Oceanus, auf dem Pelion in Thessalien überrascht, entfloh in der Gestalt eines Rosses.

110 Nirgendwo Rast noch Verzug. Ein Gewölk des gelblichen Sandes
Steigt, sie feuchtet der Schaum und dampfender Hauch der Verfolger.
So ist die Liebe zum Ruhm, so brennend der Durst des Triumphes.
Erichthonius[143] fügte zuerst Rennwagen und Vierspann
Kühneren Muts und betrat siegreich die eilenden Räder.

115 Zäum' erfand der Lapith pelethronischer[144] Tal', und die Kreisung,
Fest auf den Rücken geschmiegt, daß wohl der gewappnete Reiter
Durch das Gefild' hintrabt und in stolzerem Schritte sich tummelt.
Gleich ist beiderlei Müh und gleich an Jugend erfordern
Züchter das Roß, so feurig an Mut, wie im Laufen gewaltig:

120 Wenn auch oft er in Flucht die gewendeten Feinde gejaget,
Auch aus Epirus entsprossen sich rühmt und dem tapfren Mycenä,
Ja von Neptunus sogar ableitet die Ahnen des Stammes[145] .
Ward dies alles beachtet, und kommt die geeignete Zeit, wird
Jegliche Sorge verwendet, mit kräftigem Futter zu mästen

125 Ihn, den zum Führer erwählt und der Herde zum Gatten bestimmt ward.
Schneid' ihm saftiges Kraut und reich' ihm kühlendes Wasser,
Spelt auch, daß nicht mangle die Kraft zur schmeichelnden Arbeit,
Und nicht schwächliche Kinder die Nüchternheit künden des Vaters.
Aber die weibliche Trift laß magerer werden mit Vorsatz;

---

[143] Erichthonius (Erechtheus), ein alter athenischer König, der das Viergespann erfand und zuerst benutzte.

[144] Pelethromium, eine Grotte oder Berggegend in Thessalien, wo das Reiten der Pferde und der Zaum erfunden worden sein sollen.

[145] Neptun sollte mit Ceres ein Roß, namens Arion, welches der Abkunft nach von allen das edelste war, erzeugt haben.

130 Und sobald nach Vermählung die schon bekanntere Wollust
   Brünstig verlangt, dann weigre das Laub, dann wehre dem
   Bade.
   Laß auch erschütternden Lauf und Sonnenglut sie ermüden,
   Wenn von gedroschenem Korne die Tenne dröhnt, und dem
   Worfler
   Schon die nichtige Spreu[146] im steigenden Weste verwehet.

135 Solches tu', daß nicht zu üppiger Wuchs die Empfängnis
   Raube dem Fruchtgefild', untätige Furchen verschlämmend;
   Sondern mit Gier es raffe die Lust und im Inneren berge.

   Jetzo weicht die Sorge des Manns, und die Pflege der Mutter
   Folget ihr. Wenn sie beleibt nach vollendeten Monden umher-
   gehn,

140 Nie lass' einer sie schwer in dem Joch fortziehen die Lastfuhr,
   Oder im Sprung durchrennen den Weg, noch in hitziger Flucht
   hin
   Toben die Wiesen entlang und reißende Ströme durchschwim-
   men.
   Still im buschigen Tal und an vollwallenden Bächen
   Weide sie, wo Moos[147] grünet, und frisch von Grase der Bord
   ist,

145 Wo Felsgrotte bedeckt, und Geklipp vorhänget mit Schatten.

   Um des Silarus[148] Hain' und eichenbelaubten Alburnus
   Flieget in Meng' ein Bremsengeschlecht[149] , das Asilus der Rö-
   mer,

---

[146] Um das ausgedroschene Getreide von der Spreu zu sondern, wurde es mit der Worfschaufel im winde geschwungen, und zwar besonders im Westwinde wegen seines sanften und gleichmäßigen Wehens.

[147] Von den zur Familie Laubmoospflanzen gehörigen Pflanzen finden wir bei den Alten nicht eine einzige näher bezeichnet.

[148] In den Silarus, Grenzfluß zwischen Lukanien und dem Gebiete der Picentiner, ergießt sich der Tanagrus. – Der Alburnus ist ein Berg nicht weit vom Flusse Silarus.

[149] Die Bremse (noch jetzt italienisch arillo) fällt wie wütend das Tier an, wovon dieses wie rasend wird.

Heimisch nennt, und Oestros die Fremdlingssprache der Grie-
chen,
Zornig und wilden Gebrumms, daß umher voll Angst in den
Wäldern

150 Flieht die verwilderte Herd'; es rast vom Gebrülle der Äther
Weit durchbebt, Bergwaldung und Ufer des trocknen Tanagrus.
Durch dies Scheusal übte vordem Grauntaten des Zornes
An der inachischen Kuh[150] die unheilsinnende Juno.
Vor ihm, denn in des Tages Entflammungen stürmt es mit Wut
an,

155 Schütze das trächtige Vieh im Geheg' und weide die Rinder,
Wenn aufstrahlte die Sonn' und wenn mit Sternen die Nacht
kommt.

 Nach der Geburt wird gänzlich die Sorg' auf die Kälber ver-
wendet,
Denen sofort Merkmale, sowohl Stammnamen du einbrennst,
Als auch, welche der Herde vielmehr zu ergänzendem Nach-
wuchs,

160 Oder dem Opferaltare geweiht sein, oder dem Feldbau,
Daß sie die Flur aufbrechen, die rauh von Schollen emporstarrt,
Aber er übrige Schwarm durchweide die grünenden Triften.

 Welche du aber zu Fleiß und Landarbeiten bestimmest,
Bändige schon als Kälber und lehre sie strengere Sitten,

165 Weil noch bildsam das junge Gemüt, noch biegsam das Alter.
Knüpfe zuerst um den Hals von der Weide dünnem Gesprosse
Weitgebogene Reif', und ward ihr freierer Nacken
Nun zum Dienste gewöhnt, dann füg', an den Banden vereinigt,
Gleiche Paar' und zwinge den Schritt zu gesellen die Stiere.

170 Oft nunmehr heiß jene dir ziehn und beladene Wagen
Durch das Gefild' und oben den Staub mit dem Gleise bezeich-

---

[150] Jupiter liebte Io, die Tochter des Inachus, welche er, um sie vor Hera zu
verbergen, in eine Kuh verwandelte. Hera aber machte die Kuh mittels der
Bremse wütend.

nen;
Bis von mächtiger Last die buchene Achse beschweret
Knarrt, und die eherne Deichsel verbundene Räder einherrollt.
Reich' ungebändigter Jugend indes nicht Gräser allein dar,

175 Oder der Weide magres Gesproß und sumpfiges Teichschilf,
Raufe auch grünes Getreid' in der Hand. Auch müsse die Melk-
kuh
Nicht nach der Väter Gebrauch weißschäumende Kübel dir
füllen;
Ganz auf die trautesten Kinder verwandt sei die Fülle des Eu-
ters.

Doch wenn Kriege vielmehr du begehrst und stolze Ge-
schwader,

180 Oder am Strom des Alpheus[151] vorbeizurollen um Pisa,
Und in Jupiters Haine das rasche Gespann zu beflügeln,
Früh sei des Rosses Geschäft, auf Mut und Waffen zu schauen
Kämpfender, auch zu ertragen die Zink' und seufzender Räder
Zug zu bestehn und im Stalle die klirrenden Zäume zu hören;

185 Dann je mehr und mehr am schmeichelnden Lobe des Zähmers
Sich zu erfreun und sanftes Geklatsch des Halses zu lieben.
Solches bereits, wenn kaum er der Mutterbrust sich entwöhnet,
Wag' er, und biet' ums andre das Haupt der weicheren Halfter,
Kraftlos noch und zitternd und noch unkundig der Jugend.

190 Aber nachdem drei Sommer entflohn, und der vierte herannaht,
Lern' er sofort den Tanz in die Rund und geordneter Schritte
Tönenden Takt, und erhebe die wechselnde Krümme der
Schenkel,
Gleich wie schwer arbeitend dem Blick; dann ruf' er zum Wett-
lauf
Jetzo die Wind', und im Fluge durch offenes Feld, wie entzügelt,

---

151 Am Flusse Alpheus lag Olympia, wo dem Jupiter zu Ehren die bekannten
Spiele gefeiert wurden.

195 Renn' er, nur kaum mit dem Huf die sandige Fläche berührend;
Wie wenn Aquilo dicht von hyperborischen[152] Küsten
Tobt', und Szythiens Winter umher und trockene Wolken
Tummelte. Siehe, die Saaten des Tals und die wallenden Felder
Schauern sanft vom Hauche gestreift, doch die Wipfel des Bergwalds

200 Rauschen zerwühlt, und es rollt fernher zum Gestade die Meerflut.
Jener fliegt, wie die Fluren in Hast, so die Wasser durchwühlend.
Der wird einst vor Elis am Ziel und im mächtigen Umlauf
Triefen vor Schweiß und sprühen den blutigen Schaum aus dem Rachen,
Der wird belgische Wagen am biegsamen Halse daherziehn.

205 Jetzo zuerst laß groß von derbem Gemisch des Getreides
Wachsen den mächtigen Leib der gebändigten; vor der Bezähmung
Werden sie hoch erheben den Mut und, gefangen, sich weigern,
Schwanke Streich' und die Härte des Wolfsgebisses[153] zu dulden.

Doch kein emsiger Fleiß erhöhet die Kräfte so mächtig,

210 Als wenn du Venus' Gelüst und blinde Betörungen abwehrst,
Ob nun der Ross', ob mehr der Rinder Gebrauch dir erwünscht ist.
Drum verbannt man ferne die Stier' in einsame Weiden,
Hinter versperrenden Berg, jenseits breitströmender Flüsse,
Oder man hält sie daheim an vollen Krippen gebunden.

215 Denn es verzehrt allmählich des Weibes entflammender Anblick
Jede Kraft und verbeut an Gebüsch zu denken und Grasung.
Reizt doch jene sogar durch süße Bezauberung oftmals

---

[152] An den Küsten des Ozeans im fernen Nordwesten dachte mach sich die fabelhaften Hyperboreer.

[153] Ein sehr schmerzhaftes Pferdegebiß, das mit Stacheln oder sägeartigen Kerben gleich Wolfszähnen besetzt war, woher es auch den Namen hatte.

Trotzige Buhler, den Kampf grimmvoll zu entscheiden mit
Hörnern.
Jugendlich schön durchweidet die Kuh den gewaltigen Sila[154] ;

220 Jene nahn feindselig in Kraft und Stärke zum Angriff,
Wunde mit Wund' abwechselnd, und schwarz rinnt Blut um die
Glieder;
Dort ringt gegen und dort ihr strebendes Horn mit des Eisers
Dumpfem Gebrumm, laut hallen die Forst' und der hohe Olym-
pus.
Auch nicht dulden die Kämpfer gemeinsame Hürde; hinweg
geht

225 Einer besiegt, in der Ferne die Fremdlingsflur zu durchwan-
dern;
Denn er beseufzt unmutig die Schmach und die Wunden vom
stolzen
Sieger gebohrt, auch die Buhlin, die ungeahndet er einbüßt.
Und nach der Hürde umschauend, verläßt er sein väterlich
Erbreich.
Jetzt nun übt er mit Sorgfalt der Kräft' Anstrengung und zwi-
schen

230 Hartem Geklipp ausdauernd auf ungestreuetem Lager
Ruht er, von stachligem Laube genährt und schneidendem
Riedgras;
Auch versucht er sich selbst und lernt in die Hörner zu wüten,
Gegen den Stamm anstrebend des Baums, und trotzet den Win-
den,
Stoß auf Stoß, vorspielend der Schlacht mit gesprengetem San-
de.

235 Bald, wenn Kraft er von neuem und frischere Stärke gesammelt,
Zieht er zum Kampf und stürzt auf den sorglos weidenden
Gegner,
So wie die Wog' in der Mitte des Meers weißschäumend em-
porwallt,
Fernher, und aus der Tiefe sich hohl zieht, jetzo gewälzet

---

[154] Ein Bergwald auf der bruttischen Gebirgskette des Apenninus, reich an
Weideplätzen.

Gegen den Strand, unermeßlich die Felsen durchrauscht und an
Größe

240 Gleich dem Gebirg' hinkracht; nun drehn sich die untersten
Wasser
Brandend empor und strudelnden schwärzlichen Sand aus dem
Abgrund.

    Alles Geschlecht auf Erden, der Menschen sowohl wie des
Wildes,
Auch die Geschlechter des Meers, das Vieh und farbige Vögel,
Stürzen ins Feuer der Liebe; es spornt all' einerlei Regung.

245 Nie zu anderer Zeit hat der Brut vergessend die Löwin
Grimmiger Blacheinöden durchschweift; nie streckten so viele
Leichname rings durch alle Gehölz' unförmige Bären
Mörderisch. Dann sind Eber erbost, dann raset der Tiger;
Ach, dann irrt man traurig in Libyens einsamen Feldern.

250 Sahest du nicht, wie den Hengsten der Leib von erschütternder
Sehnsucht
Schauerte, wenn der Geruch bekanntere Lüfte herantrug?
Wie kein Zaum der Männer sie mehr, noch die strafende Geißel,
Felsen nicht und hohles Geklüft, noch begegnende Ströme
Bändigten, die im Gewog' abschüssige Berge daherdrehn?

255 Zorniger rennt und wetzet den Zahn der sabellische Keiler,
Malmt mit dem Fuße den Grund und reibt am Baume die Rip-
pen
Rechts und links und härtet die Schulter auch gegen Verwun-
dung.
Was der Jüngling[155] zumal, dem wühlt die Marke das Feuer
Grausamer Lieb'? O schau, durch zuckender Stürme Gestrudel

260 Schwimmt er in dunkler Nacht, der verspätete: über ihm don-
nert
Hoch die ätherische Pfort', und es brüllt, an die Klippen ge-
schmettert,

---

[155] Anspielung auf die Sage von Hero und Leander. Dieser schwamm oft von
Abydus nach Sestus über die Meerenge des Hellespont zu seiner Geliebten Hero
und kam bei einem Sturme um.

Brandende Flut; nicht hemmt ihn das Bild unglücklicher Eltern,
Nicht die auf kläglicher Leich' ihm bald hinsterbende Jungfrau.
Was des Bacchus gesprenkelte Luchse[156] , erbitterter Wölfe
265 Oder der Hunde Geschlecht, und der Hirsch unkriegerisch
kämpfend?

Siehe, vor allen erhebt sich die rasende Liebe der Stuten.
Und selbst Venus verwildert' ihr Herz weiland, als des Glau-
kus[157]
Potnisches Viergespann ihm zerriß mit den Rachen die Glieder.
Über den Gargarus[158] hin und den lauten Askanius führt sie
270 Sehnende Brunst; sie ersteigen die Höh'n und schwimmen den
Strom durch.
Gleich, wenn nur eben gezündet im gierigen Mark die Ent-
flammung,
Mehr noch im Lenz, da von neuem die Glut sie bewältiget,
steh'n sie
Alle den Mund zum Weste gewandt, auf zackigen Berghöh'n,
Einzuatmen der Lüfte Wehn, und ohne Begattung[159]
275 Oft vom schwängernden Hauche gefüllt, o wunderbar klin-
gend,
Felsen hindurch und Geklüft und Bergwindung talabwärts
Fliehen sie rasch, nicht, Eurus, zu dir, noch zur östlichen Sonne,
Nein, dem Caurus und Boreas zu, und von wannen sich Auster
Schwarz aufrafft und den Himmel mit kaltem Regen verdüstert.
280 Hieraus entsteht zuletzt, was richtig der Hirte die Roßwut
Nennet; langsam enttropft das Gift dem Leibe der Stuten,
Roßwut, welche sich oft stiefmütterlich grausame Weiber
Suchen und Kraut einmischen und unheilbringende Worte.

---

[156] Luchse, Tiger, Panther sind dem Bacchus heilig; sie ziehen gezähmt seinen
Wagen.

[157] Sohn des Sisyphus, dessen zu Potniä, einem Flecken in Böotien, erzogene
Stuten von der Venus aus Grimm über ihre Vernachlässigung bei den
Leichenspielen des Pelias in Raserei versetzt wurden, so daß sie ihren Herrn
zerrissen.

[158] Vgl. .

[159] Dieses Märchen hat durch eine allegorische Dichtung Homer () von den
Pferden des Achilles, die dem Zephyrus und der Harpyie Podarge entstammten,
veranlaßt.

Doch es entfliehen indes, es entfliehn unersetzlichen Stunden,

285 Weil wir, gereizt von Liebe, das Einzelne säumend durchwandern.

Dies sei größeren Herden genug. Noch andere Sorg' ist,
Wolletragende Schafe und zottige Ziegen zu pflegen.
Hier ans Werk; hier ringe nach Lob, du rüstiger Landmann!
Zwar nicht zweifelt mein Herz, durch Wort' es bezwingen, wie
groß das

290 Sei, und arme Geschäfte zu solcherlei Ehren erheben.
Doch ich reißt durch Parnasus verwilderte Höh'n der Be-
geist'rung
Süße Gewalt; es erfreuet zu gehn auf Gipfeln, wo keiner
Vor mir den Weg vom Hügel zum Quell Kastalia[160] lenkte.
Laut nun müsse der Mund, ehrwürdige Pales, ertönen.

2 Erst verordn' ich demnach, daß Schaf' in gebetteter Stallung
95 Rupfen das Kraut, bis bald der laubige Sommer zurückkehrt,
Und mit reichlichem Stroh[161] den gehärteten Boden und Bün-
deln
Farnkrauts du bestreust, damit nicht Kälte des Eises
Schade dem zärtlichen Vieh durch Räud'[162] und entstellende
Knollen.

---

[160] Eine dem Apollo und den Musen geheiligte Quelle am Parnaß bei Delphi, die von einem Felsen herab sich in den Fluß Pleistos ergießt.

[161] Als Streumaterial verwendet man heute das Stroh der Winterhalmfrüchte. Als Ersatzmittel dienen zur Einstreu die Torfstreu und mit mehr oder weniger günstigem Erfolge Schilf, Riedgräser und Binsen, wie sie in der sogenannten Teichstreu vorhanden sind, sowie Seegras, Heidekraut, auch Moos, Farnkraut und sonstige Pflanzen oder Abfälle des Waldes.

[162] Die Schafräude wird veranlaßt durch die Saug- oder Dermatocoptesmilben, welche auf der Haut leben und Blut und Lymphe saugen. An den erkrankten Stellen geht die Wolle aus, und es erscheinen kahle Flecken mit kleinen Knötchen, die sich mit Schuppen, später mit Borken bedecken und sich allmählich vergrößern; am meisten finden sich kahle Flecken mit Krusten und Borken auf dem Rücken. – Die Klauenseuche besteht in einer ansteckenden eigentümlichen Entzündung und Verschwärung der Klauenweichteile. Die Erscheinungen sind Hinken, Wärme und Schmerzhaftigkeit der Klauen, Loslösung des Hornsaumes, anfangs am inneren Saume und Ballen, später an der ganzen Wand, wobei eine schmierige, stinkende Flüssigkeit abgesondert wird, und es selbst zu geschwürigem Zerfall der Weichteile kommt.

300 Weiter darauf fortwandelnd ermahn' ich, daß du den Ziegen
Arbutussprossen genug darreichst und kühlendes Wasser,
Auch den Stall vom Orkan an der Wintersonne dir bauest,
Gegen die Mitte des Tages gewandt, bis künftig der kalte
Wassermann schon absinkt und des Spätjahrs Ende befeuch-
tet[163] .

305 Sie auch heischen von uns nicht leichtere Sorge des Schutzes,
Und nicht lohnen sie minder, wie sehr auch milesische Wolle[164]
Teueren Preis einträgt, gefärbt mit tyrischem Purpur.
Besser lohnt sich die Zucht und reichlicher fließet die Milch dir;
Denn je voller schäumt vom geleerten Euter der Kübel,

310 Desto fröhlicher strömt aus gemolkenen Eutern der Reichtum.
Auch nicht minder indes schert man des cinyphischen[165] Bo-
ckes
Bart und greisendes Kinn und niederwallende Zotten,
Lagerndem Heer zum Gebrauch und dem ärmlichen Schiffer
zur Hülle.
Weidend aber durchgehn sie bewaldete Höh'n des Lycäus,

315 Stachlige Brombeersträuche und dornumwachsene Hügel,
Eingedenk dann kehren sie selbst und führen die Zicklein
Heim, mit strotzendem Euter sich kaum aufmühend zur
Schwelle.
Drum, je weniger sonst von menschlicher Pflege sie fordern,
Desto sorgsamer Eis und Schneegestöber und Sturmwind

320 Abgewehrt; auch reiche die Kost und nährendes Reisig
Gern und verschließe nicht immer das Heu in der Strenge des
Winter.

Aber sobald dem Rufe der Zephire fröhlich der Sommer
Beiderlei Herd' in Weiden und bergige Wälder entsendet,

---

[163] Bei den Römern begann das Jahr bekanntlich mit dem 1. März. Der
Landmann hält an alten Einrichtungen fest.
[164] Die Schafe von Milet waren schon zu Polykrates' Zeit berühmt. Nächst Milet
war Samos durch Schafzucht berühmt.
[165] Vom Flusse Cinyps in Nordafrika. Langhaarige Ziegenböcke waren an der
nordafrikanischen Küste heimisch.

Früh mit dämmerndem Lichte des Lucifer eil' in die kühlen

325 Felder hinaus, wenn der Morgen noch jung, noch graulich der
Rasen
Blinkt, und lieblich der Herd' auf zartem Grase der Tau ist.
Hat nun den Durst die vierte der Himmelsstunden entzündet,
Und durchschwirrt Baumreben Gesang wehklagender Grillen,
Führe zum Brunnen das Vieh und hinab zum niederen Landsee,

330 Aus den eichenen Rinnen die laufende Welle zu trinken.
Doch in der Mittagsglut erspähe ein schattiges Tal dir,
Wo mit stämmiger Kraft Zeus' uralt ragender Eichbaum
Weit die gewaltigen Äst' ausbreitet, oder wo finster
Vom Steineichengehölz ein heiliger Schatten sich senket.

335 Lautere Flut dann wieder gereicht und wieder geweidet
Bis zu der Sonn' Abschied, wenn kühlender Abend die Luft nun
Mäßiget, und Waldtäler der Mond schon tauig erfrischet,
Und Alcyone tönet am Strand', in den Büschen der Stieglitz.

Was soll Libyens Hirten dir noch und Libyens Weiden

340 Melden mein Lied? was einzeln bewohnete Mattengezelte?
Oftmals Tag und Nacht und ganz in der Folge den Monat
Weidet die Herd' und durchstreift weithin Einöden und her-
bergt
Nie, so endlos streckt das Gefild' sich. Alles im Zuge
Führet Afrikas Hirt, sein Teppichdach und den Hauslar,

345 Rüstung, und amykläischen Hund, und kretischen Köcher,
Gleichwie, in Waffen der Väter geübt, der tapfere Römer,
Unter der Bürd' arbeitend, den Weg vollendet und plötzlich,
Ehe der Feind es wähnt, vor befestigtem Lager bereitsteht.

Nicht also der Szythen Geschlecht, wo die Flut der Mäotis

350 Brauset, und gelblicher Sand hinwälzt der strudelnde Ister,
Und wo Rhodopes Kette bis unter den Pol sich herumbiegt.
Dort in bergenden Ställen verschließt man Rinder, und nirgends
Siehet man Gras im Feld, noch grünende Blätter auf Bäumen,
Sondern es liegt von Bergen des Schnees unförmig und tiefem

355 Froste das Land ringsum, an sieben Ellen sich türmend.
Stets ist Winter und stets kalt sausender Atem des Caurus.
Nimmer vermag auch Sol die erblichenen Schatten zu trennen,
Nicht wenn hoch das Gespann ihn hebt zum Äther, und nicht wenn
Tauchend den Wagen er spült in Oceanus' rotem Gewässer.

360 Schnell in dem laufenden Strome verharscht dickeisige Kruste,
Und schon trägt auf dem Rücken die Wog' umschmiedete Räder,
Sie erst Kielen gebahnt, doch nun schwerrollender Lastfuhr.
Häufig zerkracht auch eh'rnes Geschirr, und es starren die Kleider
Umgehüllt, und mit Äxten zerhaut man gefrorene Weine.

365 Ja zu gediegenem Eis erstarreten Weiher von Grund aus,
Und die verworrenen Bärte umstrotzen eisige Zapfen.
Rastlos schneit es indes vom überzogenen Himmel,
Matt verschmachten die Schafe, es stehn umhäuft im Gestöber
Großbeleibete Stier'; und ein drängendes Rudel von Hirschen

370 Staunt ob der seltenen Last, da kaum man ihr Zackengeweih sieht.
Diese auch weder mit Hundegehetz, noch einigem Stellgarn[166]
Jaget man, oder dem Schreck der purpurfarbenen Lappen[167] ,
Nein, wie das Wild fruchtlos mit der Brust den hemmenden Schneeberg
Stößt, haun jene mit Eisen genaht; und in kläglichem Angst-

---

[166] Es ist dies ein Fallnetz mit weiten Maschen mit einer Vertiefung, Busen- oder Sacknetz, Netzhaube genannt. Es wurden darin nicht bloß kleine Tiere gefangen, z. B. Hasen, sondern auch größere Tiere, welche sich darin fest verstrickten und so festgehalten wurden.

[167] Das Blendwerk diente dazu, das Wild zu schrecken und es eine Zeitlang in einem Walddistrikte festzuhalten oder von der Flucht in einen andern zurückzuhalten. Ein solches Blendzeug bestand aus einem langen leinernen Seile, in halber Manneshöhe auf dünnen Gaffeln längs dem Reviere, worin sich das Wild befand, hingezogen, an welchem in geringen Abständen bunte, glänzende Federn (gleich unsern Lappen) herabhingen. Der Glanz und das bunte Aussehen dieser Federn machte die Tiere stutzig, so daß sie vor ihnen umschlugen.

schrei

375 Blutet es, bis aufjauchzend die fröhliche Schar sie zurückträgt.
Selber daheim sorglos in gegrabenen Höhlen und müßig
Leben sie unter der Erd', und geschichtete Kloben, ja ganz noch
Wälzeten sie Ulmstämme zum Herd' und häuften das Feuer.
Hier durchscherzt man im Spiele die Nacht und labt sich mit
Bechern

380 Künstlicher Wein', aus Malze gebraut, und der Säure des Spier-
lings.
Also, bedeckt vom Gestirne des hyperborischen Wagens,
Wohnt im Orkan des Rhipäus die Horde unbändiger Männer,
Ganz den Leib in das Fell gelbzottiger Tiere verhüllend.

Suchst du der Wolle Gewinn, zuerst sei rauhere Waldung,

385 Kletten und Stechunkraut, dir entfernt, auch üppige Weide.
Stracks auch wähle die Herde mit seidenen Flocken und
schneeweiß:
Aber ihn selbst, und geh' er in glänzender Weiße, der Widder,
Welchem schwarz nur die Zung' am feuchten Gaume sich zei-
get,
Banne du, eh' er mit Flecken die Lämmervliese dir bräunlich

390 Sprengt[168] , und ein anderer folg', aus der vollen Herde gewäh-
let.
Durch die schimmernde Woll' hat einst, wenn glaublich die Sag'
ist,

---

[168] Zur Sache teilte mir ein befreundeter Landwirt folgendes mit: Von einem
schönen weißen Sprungbock fielen in meiner Schafherde zwei fast schwarze
Lämmer. Wenn Vergil darauf aufmerksam macht, daß man bei einem sonst ganz
weißen Sprungbock auch auf Zunge und Gaumen achthaben möge, denn wenn
diese schwarz oder gescheckt seien, fielen auch schwarze oder scheckige
Lämmer, so wurde der Bock genau untersucht und siehe da – er hatte einen
schwarzen Gaumen. Es ist dies ein neuer Beweis für die scharfe
Naturbeobachtung der Alten, denn wenn der betreffende Bock auch neben zwei
schwarzen noch achtzehn weiße Lämmer brachte, so ist es doch ratsam, beim
Ankauf eines Bockes auch auf die innere Färbung des Maules zu achten.

Pan, Arkadias Gott, dich, lüsterne Luna, betöret[169] ,
Als zu den Hainen er rief, und nicht ungerne du folgtest.

   Aber ist Milch dein Wunsch, dann Cytisus häufig und Lotus

395 Selbst in der Hand zur Krippe gebracht, und salzige Kräuter.
   Mehr dann lieben dir jene den Bach, und schwellen die Euter,
   Sanft durchwürzend die Milch mit verstecktem Geschmacke
   des Salzes.
   Mancher wehrt von der Mutter sofort das gesonderte Böcklein
   Und umbindet die Schnauze von vorn mit gestachelter Halfter.

400 Was an steigender Sonne du molkst und in Stunden des Tages,
   Presse die Nacht; was drauf im erlöschenden Schimmer des
   Abends,
   Trage durch dämmernde Frühe zur Stadt in Butter der Schäfer,
   Oder mit sparsamem Salze bestreu's und heg' es den Winter.

   Selbst nicht Hunde[170] zu ziehen versäume du, sondern zu-
   gleich auch

405 Spartas hurtigem Brackengeschlecht und dem kühnen Molosser
   Kräftige Molke gereicht. Niemals, wenn jene bewachen,
   Droht der nächtliche Dieb dem Geheg' und der stürmende
   Raubwolf,
   Niemals schreckt dich im Rücken ein unfriedsamer Iberer.
   Oft auch verfolgst du im Laufe den schüchternen Esel des Wal-

---

[169] Pan verwandelte sich in einen weißen Widder und lockte dadurch die
Mondgöttin in einen Wald.

[170] Die vorzüglichsten Hunderassen wurden aus Europa, Asien und Afrika
bezogen. Man kannte deren sehr viele; jede derselben hatte natürlich ihre
besonderen Vorzüge. Zu den ausgezeichnetsten und als solche bekanntesten
zählten die Molossischen; sie waren kräftig gebaut, scharf, tüchtig und mutvoll,
ebenso zur Jagd auf Hirsche und Wölfe geeignet, wie als wachsame
Hausfreunde gegen Diebe und Raubtiere geschätzt. Gleich hochgehalten waren
die spartanischen und kretischen Hunde, ebenso wegen ihrer feinen Nase, wie
wegen ihrer Flüchtigkeit und Kraft, ferner die lakonischen und lokrischen. Die
gelonischen und umbrischen waren gute Leithunde, aber feige.

des[171]

410 Und du erjagst mit Hunden die Gems' und mit Hunden den
Hasen;
Oft aus den Suhlen des Walds hervorgetriebene Keiler
Stürmst du mit bellender Meut' in die Flucht und durch die
Gebirgshöh'n
Drängst du zum Netz mit Geschrei den übergewaltigen Kron-
hirsch.

Lern' auch im Stall anzünden die duftverbreitende Zeder,

415 Und wie mit Galbanonqualm man scheucht graunvolle Chely-
dern.
Oft, wo lange die Krippe geruht, lag, Tastenden schrecklich,
Dir die Natter versteckt, die scheu vor dem Lichte hinwegfloh;
Oder die häusliche Unke, gewöhnt an Schatten, des Hornviehs
Bittere Pest, und die Schafe mit giftigem Geifer bespritzend,

420 Brütet am Grund. Nimm Stein' in die Hand, nimm Stöcke, o
Hirte,
Und wenn sie drohend sich hebt und mit zischendem Halse sich
aufbläht,
Schmettere! Schon verbarg sie das zagende Haupt in den Boden,
Weil der geringelte Leib und das letzte Ende des Schwanzes
Matt hinzuckt, und träge die äußerste Windung sich nach-
schleppt.

425 Weiter bewohnt unselig Calabriens Forste die Hyder,
Die mit erhobener Brust einrollt den schuppigen Rücken,
Längs dem unendlichen Bauche mit großen Flecken gespren-
kelt.
Jene, dieweil noch ein Bach vorstürzt aus Quellen, noch irgend
Naß vom Frühlinge triefen die Au'n, und nässendem Südwind,

430 Wohnt sie im Sumpf, wo sie, hausend am Bord, unmäßig mit
Fischen
Stets den finsteren Schlund und quakenden Fröschen sich an-

---

[171] Unter den verschiedenen Wildeseln des Altertums ragt hervor das noch
heute in der Mongolei vorkommende Urwildpferd, das die Alten fälschlich
Onager nannten.

füllt.

Doch wenn in Glut ausdampfte der Pfuhl und die Erde zerlech-
zet,

Springt sie ans Trockne hervor und funkelnde Blicke verdre-
hend,

Tobt sie im Feld', unsinnig vor Durst und von Hitze gepeinigt.

435 Nimmer gelüstet mich dann, im Freien behaglich zu schlum-
mern,

Noch auf waldigem Hange gestreckt zu ruhen im Grase,

Wenn sie die Hüll' auszog und erneut im Glanze der Jugend

Nun vom Gewimmel im Neste sich herwälzt oder von Eiern,

Bäumend zur Sonn', und dem Maul dreispaltige Zungen ent-
schimmern!

4   Jetzt von den Seuchen vernimm Ursprung und warnendes
40 Merkmal.

Häßliche Räude ist Schafen Verderb, wenn frostiger Regen

Tief zum Leben hinab eindrang, und des schaudernden Winters

Graulicher Reif; auch wenn ungespületer Schweiß den geschor-
nen

Anhängt, oder den Leib die stachlige Hecke geritzt hat.

445 Drum wird sämtlich die Herd' in süßer Flut von den Schäfern

Wohl geschwemmt, und der Widder mit triefenden Zotten im
Strudel

Untergetaucht, der gerafft im tragenden Strome hinab-
schwimmt.

Oder den Leib nach er Schur salbt man mit bitterem Ölschaum,

Welchem man Silberglätt' einmischt und natürlichen Schwefel,

450 Auch idäisches Pech und geschmeidiges Wachs, mit der stren-
gen

Niesewurz und der Zwiebel des Meers[172] und dunkelem Erd-
harz.

Doch nicht schneller bezwang ein Rettungsmittel die Drangsal,

---

[172] Die Meerzwiebel (scilla maritima) wächst jetzt am Seestrand Südeuropas, ist
in Griechenland häufig, fehlt in Norditalien oder kommt nur als Seltenheit bei
Nizza vor. – Nieswurz, mit scharf narkotischer Wurzel, diente als Heilmittel
gegen verschiedene Tierkrankheiten.

Als wenn einer mit Stahle beherzt den Kopf des Geschwüres
Öffnet. Nahrung gewinnt und lebt im Verborgnen das Übel,

455 Während mit heilender Hand der Wunde zu nahn sich der
Schäfer
Sträubt und faul dasitzend die Götter um Besserung anfleht.
Ja sogar, wenn der Schmerz in der Blökenden innerstem Marke
Wütete, und die Gelenk' abzehrte da trockene Fieber,
Dienlich war's, den heftig entzündeten Gluten zur Dämpfung,

460 Unten zu schlagen am Fuß die mit Blut aufspringende Ader,
Nach der bisaltischen[173] Horde Gebrauch und des wilden Gelo-
ners,
Wann er zum Rhodope stürmt und zur einsamen Steppe der
Geten
Und sich geronnene Milch zum Trunk einmenget mit Roßblut.

Siehest du fern ein Schaf, das oft zur Ruhe des Schattens

465 Einkehrt, auch unlustig die Spitzen der Kräuter nur kostet,
Oder träge dem Zug nachschleicht und mitten im Felde
Weidend sinkt, und allein heimkehrt in der Späte des Abends,
Schnell dann vertreibe den Fehler das Messer, ehe dir gräßlich
Durch unsorgsames Volk die raffende Pest sich verbreitet.

470 Nicht so häufig durchtobt rauh winternder Sturm die Gewässer,
Als unzählbare Seuchen die Trift. Nicht streckt auch die Krank-
heit
Einzelne Häupter dahin; nein, ganze Gehege auf einmal,
Hoffnung und Herde zugleich, und den ganzen Stamm des
Geschlechtes.

Solches erkennt wer die Alpen der Luft und norischer[174] Hü-
gel

475 Steile Kastell' und die Fluren des Japyden Timavus,

---

[173] Die Bisalten waren ein Volk in Thrazien; über die Gelonen vgl. ; die Geten
wohnten am rechten Donauufer in dem alten Dacien.
[174] Das Land Norikum umfaßte das heutige Salzburg, Kärnten und Steiermark.
Hier war zu Vergils Zeit die im folgenden beschriebene Viehseuche
ausgebrochen. – Die Japyden waren ein Volk in Illyrien.

Jetzt noch lange nachher anschaut, und die Reiche der Hirten
Einsam rings, und rings die waltigen Tale verödet.

Hier vor Zeiten erwuchs in kranker Luft das Verderben
Jammervoll, und, ganz in herbstlichen Gluten entflammet,

480 Mordet' es alle Geschlechter des Viehs und alle des Wildes,
Ja es verpestete Teich' und grasige Weiden mit Fäulnis.
Auch nicht einfach würgte der Tod. Wenn die Flamme des
Durstes,
Jagend durch Puls und Adern, geschrumpft die elenden Glie-
der,
Plötzlich ergoß sich sodann ausströmende Nässe, die in sich

485 Alle Gebein', allmählich gelöst von der Krankheit, hineinzog.
Oft da zur Ehre der Götter gestellt am Altare das Sühnschaf,
Weil der wollene Schmuck mit schneeiger Bind' es umschleiert',
Unter dem zaudernden Dienst der Opferer sterbend dahinsank.
Oder wenn eins mit dem Stahle zuvor geschlachtet der Priester,

490 Doch nicht brennt der Altar mit aufgelegten Fibern,
Noch vermag Antworten der ratende Seher zu forschen,
Kaum auch röten von Blut sich untergestellte Messer,
Kaum wird oben der Sand von nüchternem Eiter beschmutzet.
Jetzo erstirbt in Scharen das Kalb auf fröhlichen Angern,

495 Und sein süßes Leben an voller Krippe verhaucht es.
Jetzo rennt wahnsinnig der schmeichelnde Hund, und es rüttelt
Keuchender Husten das Schwein und engt den gemästeten
Rachen.

Kläglich sinkt, wie der Kunst uneingedenk, so des Grases,
Eitel vom Quell sich wendend, das Siegsroß, stampft mit dem
Hufschlag

500 Häufig den Grund und senkt die schlaffen Ohren, die unstet
Schweiß umquillt, mit Kälte des nahenden Todes; die Haut auch
Starrt, antastendem Druck durch trockene Härte sich sträubend.
Also bezeichnen zuvor die früheren Tage das Unheil.
Aber sobald fortwandelnd der Seuche Gewalt sich erbittert,

505 Dann traun brennen die Augen in Glut, dann tief aus der Brust

auf
Atmen sie; oft mit Stöhnen beklemmt, und die Seiten hinab sind
Von langschluchzendem Krampfe gespannt; schwarz tropfet
der Nase
Blut, und den schwärenden Schlund umdrängt die rauhere
Zunge.
Wirksam war's, mit der Röhre des Horns einflößen des Bacchus

510 Edelen Trank: dies schien der Sterbenden einzige Rettung.
Bald war dieses sogar ein Verderb, und in Wut nach dem Labsal
Brannten sie jetzt, und sie selbst, schon nahe dem Tode des
Jammers
(Gnad', o Götter, den Frommen, und Frevelnden jene Zerrüt-
tung!)
Rissen mit bleckendem Zahn sich das Fleisch von verstümmel-
ten Gliedern.

5 Schau, der unter dem Zwange der Schar aufdampfende
15 Pflugstier
Taumelt dahin und speit mit Schaume gemengetes Blut aus,
Weil sein letztes Geächz er verhaucht. Der bekümmerte Bauer
Geht, abspannend den Stier, der den Tod des Genossen betrau-
ert,
Und in der Mitte des Werks verließ er die haftende Pflugschar.

520 Kein hochwölbender Schatten des Hains, kein grasiger Anger,
Kann ihm rühren das Herz, kein Bach, der, Kiesel bespülend,
Silberrein sich ergießt in die Ebene, sondern er hängt ihm
Welk die Seit', und die Augen umzieht dumpf starrende Träg-
heit,
Und zur Erde sinkt der schwer vorhandene Nacken.

525 Was nun frommt Arbeit und Verdienst? was kaum mit der
Pflugschar
Aufgelockertes Feld? Und doch nicht schaffte des Bacchus
Massische Kraft, nicht ihnen erneuerter Schmaus das Verder-
ben.
Laub genießen sie nur und einfach nährende Kräuter;
Trank sind lautere Quellen dem Durst und des laufenden Ba-
ches

530 Strömungen; auch nicht Sorge verscheucht den erquickenden
Schlummer.
Nie zu anderer Zeit, erzählen sie, fehlten der Gegend
Kühe für Junos Fest; und ein Paar unähnlicher Büffel
Zog den Wagen empor zur reichbeschenkten Kapelle.
Mühsam hackt mit Karsten sein Land der Bauer, verscharret

535 Selbst mit pflanzenden Fingern die Saat, und über Gebirgshöh'n
Schleppt am Nacken gestrengt er herab schwerknarrende Last-
fuhr.

Kein nachstellender Wolf umspäht die Hürde des Schäfers,
Noch beschleicht er die Herd' in der Finsternis; schärfere Sorge
Bändiget ihn; auch flüchtige Hirsche und zagende Gemsen

540 Jetzt bei Hunden umher und nahe den Wohnungen gehn sie.
Schon des unendlichen Meeres Geschlecht, und der Fluten Ge-
wimmel,
Liegt am Saume des Strands[175] , Schiffbrüchigen gleich, von der
Strömung
Angeschwemmt; in die Ströme fliehn die seltsamen Robben.
Schon muß sterben die Natter, umsonst geschirmt von des La-
gers

545 Krümmungen, und, die die Schuppen erstarrt aufsträubet, die
Hyder.
Vögeln selbst nicht gönnet die Luft noch Sicherheit, sie auch
Stürzen herab, ihr Leben in wolkiger Höhe veratmend.

Ja was mehr, schon ist auch der Weid' Umwechselung eitel,
Und durch Fleiß wird schädlich die Kunst; es starben die Meis-
ter

---

[175] Fische werden übrigens nie von einer Seuche ergriffen, wie schon Aristoteles
(Tiergeschichte VIII, 19, 20) bemerkt hat; sie sterben ab, wenn das Wasser
verdorben ist.

550 Chiron[176] , der Phillyra Sohn, und der Sohn Amythaons Melampus.

Grimmvoll tobt und ans Licht aus stygischen Nächten gesendet,
Treibt vor sich die blasse Tisiphone Seuchen und Angst her,
Höher mit jedem Tag ihr gieriges Antlitz erhebend.
Jammergeblök der Herden und häufiges Brüllen erschallet

555 Ström' und trockene Ufer entlang und Flächen der Berge
Und schon wütet in Scharen die Würgerin; selbst in den Ställen
Häuft sie die Leichen empor, von gräßlichem Moder zerfallen,
Bis man mit Erde zu decken sie lernt und in Gruben zu bergen.
Denn nicht war zum Gebrauche die Haut und die Menge des Fleisches,

560 Weder den raffenden Fluten, noch selbst der Flamme bezwingbar.
Auch nicht scheren die Vliese, von Seuche und Schärfe zerfressen,
Konnte man, oder das morsche Gespinst anzetteln dem Webstuhl.
Dort hatt' einer sogar die leidige Hülle versuchet:
Brennende Blasen umher und widrigen Schweißes Gerüche

565 Folgeten Glied für Glied; und darauf nicht lange verweilt' er,
Bis die Gelenk' anschwärend das heilige Feuer[177] hinwegfraß.

---

[176] Chiron war berühmt durch seine Heilkunde; sein Schüler war Äskulap. –
Melampus, ein berühmter Seher, übte durch übernatürliche und geheime Mittel die Heilkunst.
[177] Wahrscheinlich ist darunter ein krebsartiges Brandgeschwür zu verstehen; an die Rose ist wohl nicht zu denken.

Vierter Gesang[178]

---

[178] Nachdem der Dichter im ersten Gesange den Ackerbau, im zweiten die Baum- und Weinkultur, im dritten die Viehzucht behandelt hat, folgt im vierten »das klassische Hohelied der Bienen«; es steigt so die Muse des Dichters zu immer höheren und edleren Sphären empor, bis zu dem Wunder der ätherischen Bienen, in denen »ein Hauch des göttlichen Geistes« uns anweht (Mayer).

Jetzo die himmlischen Gaben des luftentquollenen Honigs
Sing' ich. Auch diesem Gesang, Mäcenas, gönne den Anblick.
Kleingeachteter Dinge bewunderungswürdiges Schauspiel,
Führer erhabenen Muts, und das ganze Volk nach der Ordnung,

5 Seine Geschäft' und Sitten und Stämm' und Kämpfe besing' ich.
Klein ist der Stoff, doch nicht klein der Arbeit Ehre, gewährt sie
Segnender Götterwink, und hört mein Rufen Apollo.

Erstlich gebührt[179] , daß Bienen ihr heimisches Lager gewählt
sei,
Wo kein stürmender Wind sie erreicht, (denn es wehren die
Winde

10 Heimzutragen die Kost,) kein Schaf noch stößiges Böcklein
Frech die Blumen durchhüpft, noch im Feld' umirrend die
Milchkuh
Rings abschüttelt den Tau und wachsende Kräuter zerstampfet.
Sei auch dem fetten Gehege die buntgeschildete Eidechs'
Fern, und der Bienenspecht[180] und andere pickende Vögel,

---

[179] Die Ratschläge, die Vergil hier erteilt, sind, von einigen Kleinigkeiten
abgesehen, zutreffend und zeugen von seiner reichen Erfahrung und genauen
Beobachtung. – Das Bienenhaus muß geschützt sein gegen Kälte und
Sonnenhitze, gegen Regen und Wind. Die Erfahrung lehrt, daß die Bienen auf
einem windstillen, sonnigen und trockenen Platze am besten gedeihen, während
ein Ort, wo Zugluft oder gar Stürme herrschen, für die Bienen höchst verderblich
ist. Auch soll der Bienenstand, da die Bienen die Ruhe lieben, nie in der Nähe
von lärmenden Werkstätten oder in der unmittelbaren Nähe von Straßen liegen,
auf denen reger Verkehr herrscht, weil schwerbeladene Wagen
Bodenerschütterungen verursachen und so die Bienen in ihrer Winterruhe
stören, was sogar Krankheiten bei den Bienen zur Folge haben kann.
[180] Der Bienenspecht (Bienenfresser, Immenwolf, merops apiaster), ein in
Deutschland seltener Vogel, lebt von Hornissen, Wespen, Hummeln und Bienen,
die er samt dem Stachel verzehrt. Den Bienen ist er so gefährlich, daß ihm die
Imker fleißig nachstellen, namentlich seine Nester vernichten. Dagegen haben
wir in dem rotrückigen Würger (lanius collurio) einen großen Feind der Bienen;
auch das Rotschwänzchen (ruticilla tithys) sieht der Imker nicht gern in der

15 Und die mit blutiger Hand an der Brust gezeichnete Schwalbe.
Wild veröden sie alles umher, und die fliegenden selber
Tragen sie weggeschnappt dem grausamen Neste zur Nahrung.
Aber ein lauterer Quell, ein Teich mit grünendem Moose,
Grenze daran, und ein seichtes, durch Gras hinrieselndes Bäch-
lein;

20 Schatt' auch die Palm' entgegen dem Hof' und der wildernde
Ölbaum,
Daß, wenn zuerst mit Schwärmen im eigenen Lenze die neuen
Könige ziehn, und die Jugend, dem Stock entlassen, umher-
spielt,
Sie der benachbarte Bord einlad' in liebliche Kühlung,
Und sie ein Baum am Weg' in der Laubherberge bewirte.

25 Mitten hinein, ob stehe gehemmt, ob rinne das Wasser,
Wirf durchkreuzende Weiden und mächtig ragende Steine,
Daß auf häufigen Brücken sie dastehn können, die Flügel
Gegen den Strahl der Sonne gestreckt, wenn die säumenden
etwa
Sonderte, oder mit Sturm ins Wasser eintauchte der Ostwind.

30 Ringsum laß aufgrünend den Zeiland unter balsamisch
Duftendem Quendel erblühn, auch Reichtum strenge gewürzter
Saturei und Violen, getränkt vom wässernden Borne.

Aber die Körbe selbst, ob genäht aus höhlender Rinde,
Ob vom Sproß der biegsamen Weide sie seien geflochten,

35 Laß nur enge Pforten haben; denn Kälte des Winters
Härtet den Honigseim, ihn löst die schmelzende Wärme.
Beides droht den Bienen mit gleicher Gefahr, und umsonst nicht
Eifern jen' um die Wette, mit Wachs die luftigen Spalten

Nähe seiner Bienenstöcke, doch frißt dieser Vogel keine Bienen. Nach Aristoteles
(Tiergeschichte IX, 40, 16) ist auch die Schwalbe den Bienen schädlich; das ist
nicht richtig, denn keine Schwalbe (auch nicht die Rauchschwalbe, V. 15) frißt
ein stechendes Kerbtier, bloß Drohnen, und richtet also gar keinen Schaden an,
weil diese in Menge vorhanden sind. Und die Eidechse (V. 13) schließlich, deren
Nahrung aus Regenwürmern, Fliegen, Ameisen und ähnlichen Tieren besteht,
nimmt keine Bienen, weil sie für sie zu groß sind.

Ihrer Burg zu verkleben, durch Tünch' und Blumen den Eingang

40 Wohl zu verbaun, und dem Werke gesammelten Leim zu bewahren,
Zäher denn Mistelschleim und Harz vom phrygischen Ida.
Oft, wenn die Sage nicht täuscht, war tief in gegrabenen Löchern
Unter der Erd' ihr häuslich Gewühl; auch in Klüften des Bimssteins
Fand sich ihr Bau, und im Schoße von ausgefauleten Bäumen.

45 Dennoch schlüpfrigen Ton auch rings um die spaltigen Kammern
Streiche du selber zur Pfleg' und bestreue sie locker mit Blättern.
Nicht laß nahe die Eibe den Wohnungen, nicht auf dem Herde
Brenne den rötlichen Krebs[181] , nicht tieferem Sumpfe getrauet,
Oder wo fauler Morast ausdampft und vom Schlage der hohle

50 Felsen erschallt und des Rufs Abbild nachhallend zurückfliegt.

Aber sobald den Winter die goldene Sonne verscheucht hat
Unter die Erd' und entwölkt mit Sommerstrahlen den Himmel,
Schnell durchstreift Bergtäler und grünende Hain' ihr Geschwader,
Erntet purpurne Blumen und schöpft hinschwebend des Baches

55 Oberen Tau. Dann fröhlich mit unerklärbarer Freude
Pflegen sie Nest und neues Geschlecht; dann gründen sie kunstreich
Zellen aus frischem Wachs und bilden sich klebrigen Honig.
Dann, wenn jetzt dem Stocke entschwebt zum sternigen Himmel
Hoch aufschwimmen du siehst durch heiteren Sommer die Heerschar,

---

[181] Dampf oder Asche verbrannter Flußkrebse gebrauchte man als Mittel bei verschiedenen Krankheiten; so meint Plinius, daß Flußkrebse gerieben und frisch mit Wasser getrunken, oder als Asche angewendet gegen alle Gifte halfen; der Geruch von gekochten Krebsen soll nach ihm betäubend auf die Bienen wirken.

60 Und, wie das dunkle Gewölk hinzieht im Winde, dich wunderst,
Merke den Flug, der beständig zu süßer Flut und belaubten
Wölbungen sinkt. Hier sprenge die Wohlgerüche nach Vorschrift,
Saft aus gequetschter Meliss' und unberühmter Cerinthe[182] ;
Reg' auch klingendes Erz und den Hall der cybelischen Becken.

65 Selber setzt sich die Brut auf duftige Sitze und selber
Schlüpft sie aus eigenem Trieb hinein in die bergende Wiege.

Doch wenn sie zur Schlacht[183] ausziehn: – Doch oft ja in zweier
Könige Brust fuhr heftig der Zwietracht großer Bewegung –
Gleich auch kannst du des Volks aufwallenden Mut und in Kampflust

70 Bebendes Herz schon lange vorherschaun, denn es ermuntert
Kriegrischer Klang, wie des Erzes, die Zauderer, und ein Gesumme
Hört man rauh nachahmend den schmetternden Hall der Trompeten.
Rings dann strömen sie hastig herbei, mit den Fittichen schimmernd,
Schärfen den Stachel mit Macht am Gebiß und recken die Schultern,

75 Und um den König geschart und das ragende Zelt des Gebieters,
Wühlen sie all' und rufen den Feind laut drohend zur Feldschlacht.
Drum wenn in offenes Feld die Frühlingsbläue die Heerschar

---

[182] Die Zitronenmelisse (melissa officinalis) wächst in Norditalien an vielen Stellen wild, die Wachsblume (cerinthe minor) ist in Italien und Griechenland heimisch.

[183] Die Schilderung des Kampfes zweier Bienenvölker verschiedener Rasse ist zwar ein poetisches Kunstwerk, setzt aber sehr viel Phantasie voraus, alles das zu glauben, was Vergil von dem Kampfe sagt. Solch ein regelrechter Kampf zwischen zwei Bienenstaaten hat niemals stattgefunden und wird auch nie stattfinden.

Nun vorstürzt aus dem Tor, wenn man anrennt, hoch in dem Äther
Aufruhr tönt, das Gewühl weitkreisend sich drängt, und Erschlagner

80 Menge den Lüften entfällt: (Nicht häufiger rasselt der Hagel,
Noch aus geschüttelter Eiche so dicht ein Regen von Eicheln.
Jene selbst durch die Reihen der Schlacht, mit leuchtenden Flügeln,
Drohn, großherzigen Mut in engem Busen entflammend,
Und unverrückt will jeder durchaus nicht weichen, bis der hier,

85 Oder der dort als Sieger in Flucht die gewendeten fortscheucht.)
Solche ein Mut der empörten und so ausharrender Eifer
Ruht, von winzigen Staubes besprengendem Wurfe gebändigt.

　　Hast du die zwei Heerführer zurück aus dem Streite gerufen,
Wer dann schlechter erscheint, ihn, daß nicht schade der Prasser,

90 Weihe dem Tode; wer besser, der herrsch' im weiten Palaste.
Hell glüht einer gefleckt mit strotzendem Golde, denn zwiefach
Sind sie von Art: der besser, sowohl vorragenden Ansehns
Als mit rötlichen Schuppen umglänzt, der andre von Trägheit
Rauh und entstellt, unrühmlich mit breitem Bauche sich schleppend.

95 Zwiefach sind, wie der Herrscher Gestalt, auch die Leiber des Volkes.
Einige starren umher wustvoll: wie ein Wanderer lechzend
Kommt aus tiefem Sand und Staub mit trockenem Munde
Ausspeit, andere leuchten hervor und strahlen im Schimmer,
Flammend den Leib, mit Gold und ähnlichen Punkten gesprenkelt.

100 Dies ist die edlere Zucht; hiervon in gemessener Zeit wird
Süßer Honig gepreßt, nicht süßerer Mild', als klarer
Lauterkeit auch, und herben Geschmack des Weines bezähmend.

　　Aber durchziehn mutwillig die flatternden Schwärme den Himmel,

Müde der wächsernen Burg und erkaltete Zellen verlassend;

105 Hemme vom eitelen Spiele die unbeständigen Herzen,
Und nicht ist sie zu hemmen so schwer. Nur der Könige Flügel
Rupfe du[184] ! Nicht wird einer, sobald die säumen, zu Lufthöh'n
Wagen die Fahrt, noch kühner die Fahnen aufheben vom Lager.
Laß einladende Gärten mit Balsamblumen sie anwehn,

110 Und als Wehr dem Gevögel und Dieb, mit weidener Sichel,
Steht ihr Schutz Priapus, der hellespontische Hüter[185] .
Selber mit Thymus trag' er sich Pinien von den Gebirgshöh'n,
Und um die Wohnungen pflanz' er sie weit, wem solcherlei
obliegt,
Selber gehärtet die Hand durch Arbeit, selber des Obstes

115 Reiser geheftet in Erd' und mit freundlichen Regen gewässert.

Wenn ich nunmehr nicht nahe zum Ziel arbeitend die Segel
Reffte, nicht ans Gestade das Vorschiff eilte zu lenken,
Dann, wie ergiebige Gärten mit Sorgfalt schmückt der Besteller,
Säng' ich vielleicht auch die Rosen des zweimal blühenden Päs-
tum[186] ,

120 Wie die Endivie sich des Trankes der Bäche erfreuet,
Und ihr Bord, von Eppich umgrünt, wie, die Gräser umschlän-
gelnd,
Rund zum Bauch die Melone schwillt, nicht des späten Nar-
zissus
Buschigen Flor, noch gebogene Akanthusranken verschwieg
ich,

---

[184] Die Anweisung des Dichters, das Wiederausziehen des Schwarmes zu
verhindern, ist primitiv und grausam: Man solle den Königinnen die Flügel
ausrupfen; besser und humaner ist das auch jetzt noch von vielen Imkern geübte
Stutzen der Flügel; so wird die Königin flugunfähig gemacht, sie kann den Stock
nicht verlassen, und der ausgezogene Schwarm kehrt wieder in den Mutterstock
zurück.

[185] Priapus, der Gott der Gärten, wurde besonders am Lampsakus am
Hellespont verehrt. Er wurde oft als Vogelscheuche in den Gärten aufgestellt.

[186] Die Stadt Pästum (früher Posidonia genannt) an der Westküste Lukaniens,
war durch ihre zweimal (im Frühling und im Herbste) blühenden Rosen
berühmt.

Oder des Efeus Hell' und den Meerstrand liebende Myrten.

125 Denn vordem an der hohen Öbalia[187] türmenden Mauern,
Wo der dunkle Galäsus die gelblichen Äcker befeuchtet,
Sah ich einen Korykiergreis, der verlassenen Landes
Wenige Morgen besaß, und nicht einträglich dem Pflugstier,
Noch anlockende Weide dem Vieh, noch gefällig der Rebe.

130 Doch weitzeilig Gemüs' in dem Dornwall, rings auch mit wei-
ßen
Lilien, heiliges Grün und zehrende Mohne sich pflanzend,
Reich wie Könige war er an Mut, und wenn er am Abend
Spät heimkam, Festschmäuse bedeckten den Tisch unerkauft
ihm.
Rosen im Frühlinge brach er zuerst und im Herbste die Baum-
frucht;

135 Und wenn trauriger Winter annoch durch Fröste die Felsen
Spaltete, ja mit Eise den Lauf anhielt der Gewässer,
Brach er schon von dem Busche die zarte Blum' Hyazinthus,
Höhnend der Sommertage Verzug und der Zephire Säumnis.
Mutterbienen sodann und zahllos schwärmende Jugend

140 Hatt' er zuerst, und gepreßtem Gewirk entzwang er des Honigs
Schäumenden Seim; ihm sproßte die Lind' und die Pinie reich-
lich;
Und so voll in der Blüte das Obst den gesegneten Fruchtbaum
Kleidete, ebenso voll umhing es im Herbste gereift ihm.
Er auch wußt' in Reihen noch spät zu verpflanzen den Ulm-
baum,

145 Birnen erharteten Stamms und schon pflaumentragenden
Schlehdorn,
Auch, die dem festlichen Trunk schon Kühlung bot, die Platane.
Aber ich selbst, durch Gewalt ungünstiger Schranken gehem-
met,
Eile vorbei und lasse das Werk nachfolgenden Sängern.

---

[187] Öbalia ist alter Name für Tarent, benannt nach Öbalus, Vater des Tyndareus,
Königs von Sparta. Da nun die Lazedämonier unter Anführung des Phalanthus
die Kolonie Tarent gegründet haben sollen, so wird sie von Dichtern die
öbalische Stadt genannt. Der Galäsus ist ein Bach, der noch Galeso heißt.

Auf, nun will ich der Bienen Natur, die Jupiter selber

150 Ihnen verlieh, auslegen, um welchen Lohn sie dem lauten
Trommelgeroll der Kureten[188] und klapperndem Erze gehor-
sam,
In diktäischer Grotte den Himmelskönig genähret.
Sie nur haben gemein die Erzeugeten, sie nur vereinbart
Häuser und Stadt, und leben in mächtiger Hut des Gesetzes;

155 Heimat kennen nur sie und eigenen Herdes Penaten,
Und vom nahenden Winter gewarnt, arbeitet im Sommer
Einer für alle mit Fleiß und verwahrt den gemeinsamen Vorrat.
Einige sorgen für Nahrung und Kost, nach bestimmtem Gesetze
Weit durchschaltend die Flur, ein Teil im Gehege der Häuser

160 Legt den Narzissussaft und zähen Leim aus der Rinde
Unten zuerst dem Gewirk zu Gründungen, hängt dann darüber
Zellen von bindendem Wachs, teils pflegen sie dort des Ge-
schlechtes
Hoffnung, die kindliche Brut, dort andere häufen des Honigs
Klarsten Seim und dehnen mit lauterem Nektar die Speicher.

165 Auch fiel manchem das Los, die Tore der Burg zu bewachen,
Diese spähn in dem Wechsel nach Regen und Wolken des
Himmels,
Oder empfahn die Lasten der kommenden, oder in Heerschar
Wehren sie ab die Drohnen, das träge Vieh, von den Körben.
Rastlos glüht das Gewerb', und Thymian durftet der Honig.

170 Und gleichwie der Zyklopen[189] Betrieb zäh flüssige Barren
Emsig in Blitz' ausdehnt, ein Teil mit Bälgen von Stierhaut
Luft einhaucht und verbläst, ein Teil in den zischenden Kühl-
trog
Tauchet das Erz, laut dröhnt von Amboßschlägen der Ätna,

---

[188] Die Bienen brachten dem Jupiter als Kind Honig zur Nahrung in die Grotte,
in welcher die Kureten oder Koryphanten, die Priester seiner Mutter Cybele,
durch Zusammenschlagen der Becken das Wimmern des Kindes vor dem
zornigen Vater zu übertönen und zu verbergen suchten.
[189] Die Zyklopen, Diener Vulkans, die unter dem Ätna ihre Werkstatt haben,
schmieden dem Jupiter die Blitze.

All' itzt, froh Wettschwungs, kraftvoll rings, heben die Arm'
auf,

175 Hämmern im Takt und drehen mit kneipender Zange das Eisen,
Weniger nicht, wenn Kleines geziemt zu vergleichen mit Gro-
ßem,
Drängt cekropische[190] Bienen die angestammte Gewinnsucht,
Jede nach eigenem Amt. Der Bejahrteren Sorg' ist die Festung,
Schanzen zu baun dem Gewirk und dädalische Häuser zu wöl-
ben.

180 Aber müd' in der Späte der Nacht kehrt wieder die Jugend,
Voll von Thymus die Beine; auch Arbutus kosten sie ringsum,
Blaugrün Weidengesproß, Zeiland und feurigen Krokus,
Auch die balsamische Lind' und die dunkele Blum' Hyazinthus.
Alle sie ruhen zugleich und fliegen zugleich an die Arbeit.

185 Frühe drängt aus den Toren die Schar; nicht Rast noch Verzug
ist.
Drauf wenn Hesperus endlich, die blühenden Au'n zu verlas-
sen,
Angemahnt, dann sucht man das Dach, dann pflegt man des
Leibes;
Lärmvoll tönt's und umsummt Eingäng' und Schwellen der
Wohnung.
Bald, nachdem sie in Zellen sich lagerten, herrschet die Nacht
durch

190 Tiefe Still'; und es fesselt der Schlaf die ermatteten Glieder.
Doch nicht fern vom Gehöfe, wenn Regenschauer herabhängt,
Weichen sie oder vertraun vor nahendem Oste dem Himmel;
Dicht um die Mauren der Stadt in Sicherheit schöpfen sie Was-
ser
Und nur kürzere Fahrt wird gewagt; auch Kieselchen oftmals,

195 So wie schwankende Kähn' auf schüttelnder Woge den Ballast,
Heben sie auf und wägen den Flug durch leere Gewölk' hin.
Ja es gefiel auch jene bewunderte Sitte der Bienen,

---

[190] Cekropisch (Cekrops, mythischer Gründer von Athen) ist soviel wie attisch.
In Attika wurde auf dem Berge Hymettus vorzüglicher Honig erzeugt.

Daß sie keiner Begattung sich freun[191] , noch die Stärke des
Leibes
Träg' auflösen in Luft noch mütterlich Junge gebären;

200 Sondern selbst mit dem Munde auf Laub und lieblichen Kräu-
tern
Sammeln sie Brut, den Erben des Throns und die kleinen Quiri-
ten
Schaffen sie selbst und ergänzen die Höf' und wächsernen Rei-
che.
Manche zerrieb auch an hartem Gestein umirrend die Flügel,
Ja freiwillig den Geist verhauchten sie unter der Bürde.

205 So ist der Blumen Gelüft und der Stolz in Erzeugung des Ho-
nigs.
Drum obgleich sie selber das Ziel des beschränkteren Alters
Früh empfängt, weil kaum der siebente Sommer erlebt wird[192] ,
Dennoch dauert unsterblich der Stamm, und Räume von Jahren
Blühet das Haus glanzvoll, und Ahnen zählt man von Ahnen.

210 Auch dem Könige hat nie so Ägyptus, die große
Lydia nie, und der Parther Geschlecht, noch der Meder Hydas-
pes
Aufgemerkt. Wenn der König nur lebt, ist alles in Eintracht;
Stirbt er, sofort ist gebrochen der Bund, den gespeicherten Ho-
nig
Plündern sie selbst und trennen den Bau der geflochtenen Wa-
ben.

---

[191] Es war eine im Altertum weitverbreitete Fabel, daß die Bienen ohne
Begattung ihre Brut von Blumen oder Baumblüten holen. Die Begattung
geschieht nur außerhalb des Stockes, höchstwahrscheinlich in hoher Luft; Die
Königinnen wie die Drohnen erheben sich bei ihren Begattungsausflügen
gewöhnlich rasch hoch über dem Gesichtskreis des menschlichen Auges; nur
über stillen, warmen Tälern, in hohen Lüften hört man deutlich bei solchen
Ausflügen das frohe, hochzeitliche Gebrause der vielen Drohnen. Übrigens
genügt die einmalige Begattung der Bienenkönigin für ihr ganzes Leben.
[192] Die Lebensdauer der Arbeitsbienen ist meist sehr kurz; die im Spätsommer
erbrüteten leben am längsten, 6–9 Monate lang, im Frühjahr und im Sommer oft
kaum 6–8 Wochen. Die Königin wird bei ihrem zähen Leben 4–5 Jahre alt, legt
aber immer weniger und zuletzt gar keine Eier mehr.

215 Er ist Hüter des Werks, auf ihn sehn alle in Ehrfurcht,
Ihn umstehn sie mit dichtem Gesumm als gescharte Trabanten,
Oft auf den Schultern erheben sie ihn und dem Kampfe die Leiber
Bieten sie dar und suchen den rühmlichen Tod durch die Wunden.

    Mancher, von solchem Beweise geführt und solcherlei Proben,

220 Lehrete, daß in den Bienen ein Teil des göttlichen Geistes
Wohn' und ätherischer Hauch. Denn die Gottheit gehe durch alle
Lande sowohl, als Räume des Meers und Tiefen des Himmels:
Schafe daher und Rinder, der Mensch und des Wildes Geschlechter,
Jedes bei seiner Geburt entschöpf' ihr zarte Belebung.

225 Siehe, auch dorthin kehre dereinst, der Verwesung entronnen,
Alles zurück, und nirgends sei Tod; es schwinge sich lebend
Mit in die Zahl des Gestirns und schweb' hoch unter den Himmel.

    Wenn den geengten Bau einmal und die Schätze des Honigs
Öffnen du willst, dann erst, mit geschöpfetem Wasser dich sprengend,

230 Säubre den Mund und streck' in der Hand fortscheuchende Dämpfe.
Zweimal sammeln sie vollen Ertrag[193] , zwei Ernten dem Imker:
Wenn Taygete jetzt die Plejad' ihr herrliches Antlitz
Hob und verachtend ihr Fuß des Oceanus Wasser zurückstieß,
Oder sobald sie geschreckt vom Gestirn des regnichten Fisches

235 Traurig in winternde Wogen hinab am Himmel sich senket;
Ihnen entbrennt unmäßig der Zorn, und beleidiget sprühn sie
Geiferndes Gift in den Biß und lassen verborgene Stacheln,

---

[193] Die Honigernte fand im Mai und im November statt. Bei uns ist dieselbe an keine Zeit gebunden; die Haupternte fällt jedoch in den Herbst, unmittelbar nach beendigter Honigtracht.

Eingebohrt in die Adern, den Geist in der Wunde verhauchend.
Wenn du besorgt von Wintergewalt dir sparst für die Zukunft,

240 Und der geschlagene Mut und des Reichs Verödung dich jammert,
Dennoch räuchre mit Thymus getrost und schneide die leeren
Zellen hinweg. Oft nagte am Bau unbemerkt die gestirnte
Eidechs', oder es barg lichtscheu ihr Lager die Schabe,
Auch die Drohn', untätig an fremdem Mahle sich mästend,

245 Oder die Hornisse drang ein, ungleicher Bewaffnung,
Auch abscheuliches Mottengeschlecht, und verhaßt der Minerva[194] ,
Hängt ihr lockeres Garn die lauernde Spinn' um die Pforte.
Je erschöpfter an Habe sie sind, desto eifriger alle
Streben sie, bald den Verlust des gesunkenen Volkes zu bessern,

250 Füllen die Fächer empor und flechten sich blumige Speicher.

Aber wofern, da den Bienen wie uns Zufälle des Lebens
Gab das Geschick, hinschmachten in trauriger Krankheit die
Leiber,
Was du sofort an nicht undeutlichen Zeichen[195] erkennest:
(Gleich verwandelt den Kranken die Farbe sich, wustigen Ansehns

255 Starrt das hagre Gesicht, dann tragen sie Leiber der Toten
Aus dem Geheg' und folgen dem traurigen Leichenbegängnis;
Oder sie hängen am Tor, mit den Füßen zusammen sich schlingend,
Oder daheim auch weilen sie all' in geschlossener Wohnung,
Unmutsvoll vor Hunger und träg' im Froste sich schmiegend.

260 Dann erschallt ein dumpfes Geräusch und gezogenes Summen,
Wie wenn frostigen Hauchs durch Waldungen murmelt der
Südwind;

---

[194] Anspielung auf die Sage von der Arachne aus Kolophon, über deren
Meisterschaft im Weben Minerva zornig wurde und die Arachne in eine Spinne
(αραχνη) verwandelte.
[195] Aus dem kranken Stocke strömt nämlich ein pestartiger Geruch aus, den man
schon aus einiger Entfernung wahrnimmt.

Wie unruhiges Meer anrauscht mit prallender Brandung;
Wie in verschlossenen Öfen das stürmische Feuer emporbraust.)
Jetzo des Galbanon Düfte[196] sogleich zu entflammen ermahn'
ich;

265 Honig hinein auch trag' in röhrenen Trögen, und freundlich
Nötigend, rufe die Matten zur wohlbekannten Erquickung.
Frommen auch wird's, Galläpfel zerstampft als Würze zu mi-
schen
Und die gedörrete Rose, auch breiigen Most, an der Flamme
Eingekocht, und Rosinen, von psitischer Rebe getrocknet,

270 Attischen Thymus zugleich, und Centaurium[197] strengen Geru-
ches.
Ferner blüht auf Wiesen ein Kraut, des Namen Amellus[198]
Nannte der Feldanbauer, ein leicht zu findendes Heilkraut,
Denn es erwächst von dem einzigen Busch zum mächtigen
Walde,
Golden die Blum' inwendig, jedoch auf den häufigen Blättern

275 Ringsum glänzt der dunklen Viol anmutiger Purpur.
Oftmal schmückt sie, in Ketten gereiht, die Altäre der Götter;
Scharf im Mund' ihr Geschmack, sie mag in gemäheten Tälern
Pflücken der Hirt, und längs dem gewundenen Strome des
Mella.
Hiervon koche die Wurzel im duftenden Safte der Rebe

280 Und an den Eingang stelle gehäuft in Körben die Speise.

---

[196] Der harzige Saft des Galbanon (kretisches Steckenkraut?) diente nicht bloß
als Arznei, sondern auch, getrocknet und in Dampf aufgelöst als Mittel zur
Räucherung der Ställe gegen das Eindringen von Schlangen, wie der
Bienenstöcke gegen faulige Dünste.

[197] Das Tausendgüldenkraut hatte seinen Namen von dem Zentauren Chiron,
welcher mit demselben den durch einen Pfeil verwundeten Fuß des Herkules
heilte. Nach Dioskorides III, 7 diente die Pflanze vielfach als Arznei; sie wächst
häufig in Italien.

[198] Die Amellusaster, Sternblume (aster amellus) wächst noch jetzt in Italien und
Griechenland, auch hier und da im südlichen und mittleren Deutschland.

Doch wenn die Brut dir gesamt hinstirbt durch plötzlichen
Unfall[199]
,
Und du umsonst nach Geschlecht von neuem Stamme dich
umschaust,
Zeit ist's dann, zu eröffnen des altarkadischen Meisters
Rühmliche Kunst, und wodurch schon oft erschlagenen Rindern

285 Schwärm' aus verwesendem Blut aufkeimeten. Höher beginnend
Will ich vom ersten Entstehn das Gerücht allseitig entwickeln,
Wo das glückliche Volk von Canopus, pelläischen Ursprungs[200]
,
Längs dem vom Wellenerguß weitsumpfenden Nilus sich anbaut,
Und um seine Gefild' hinfährt in bemaleten Bögen,

290 Bis wo die Nachbarschaft der geköcherten Persis herandrängt,
Und in gesondertem Sturz durch sieben Mündungen ausläuft
Jener Strom, herfließend von dunkelfarbigen Indern,
Und dein Grün, Ägyptus, mit schwarzem Sande befruchtet:
Rings vertrauet das Land sein sicheres Heil der Erfindung.

2 Mäßigen Raumes zuerst und eng zu solchem Gebrauche
95 Wählt man den Ort: ihn dann mit schmiegendem Dache von
Ziegeln
Drängen sie dicht und festem Gemäuer, auch öffnen sie ferner
Nach vier Winden umher vier schräg erleuchtete Fenster.
Jetzo ein Stier, dem schon zweijährige Stirn das Gehörn
krümmt,

---

[199] Gegen die Faulbrut werden viele Heilmethoden und eine ganze Legion
Heilmittel empfohlen, aber bis heute hat kein Mittel zur wirklichen Heilung
geführt. Das einzige richtige Mittel gegen die Verbreitung der Bienenpest ist das
Feuer: das ganze Wachsgebäude samt Brut, Volk und Honig ist dem Feuer zu
opfern.

[200] Canopus in Ägypten heißt »pelläisch« wegen der Beziehung Ägyptens zur
mazedonischen Herrschaft (Pella).

300 Wird gesucht; ihm völlig die Nas' und der Odem des Mundes,
Wenn er mit Macht anringet, verstopft, und dem niederge-
schlagnen
Durch unblutige Haut sein Inneres mürbe gestampfet.
So im Verschloß den gestreckten verlassen sie, unter die Rippen
Reisig und Thymian und Zeilandssprossen ihm streuend.

305 Solches geschieht, wenn Weste zuerst fortrollen die Wasser,
Ehe von keimenden Farben die Wiese erröthet, und ehe
Zwitschernd noch am Gebälk ihr Nest aufhänget die Schwalbe.
Aber der gärende Saft, im zarten Gebein sich erhitzend,
Siedet indes, und ein Schwarm seltsamer Geschöpfe entstehet,

310 Mangelnd der Füße zuerst; doch bald mit schwirrenden Flügeln
Wimmelt er, mehr sich und mehr zu dünneren Lüften erhe-
bend,
Bis er, wie Wolkenbrüche geströmt aus Sommergewittern,
Ausbricht, oder wie Pfeile, von schneller Sehne geschossen,
Wenn zum Beginne der Schlacht in der Eil' ansprengen die
Parther.

   3   Welch ein Gott, ihr Musen, enthüllte uns diese Erfindung?
15 Woher bahnte der junge Versuch zu den Menschen sich Ein-
gang?

      Aristäus[201]   , der Hirt, als er floh das peneische Tempe,
Weil nach der Sag' er die Bienen verlor durch Hunger und
Krankheit,
Stellte sich wehmutsvoll an die heilige Quelle des Stromes,

320 Jammerte laut und rief mit folgender Rede zur Mutter:

      Mutter Cyrene, ach Mutter, die dort des quellenden Strudels
Tiefen bewohnt, was hast du vom herrlichen Göttergeschlecht
mich,

---

[201] Von dem Hirten Aristäus wurde erzählt, daß er seine Erfindungen ländlicher
Künste auf seinen Wanderungen aus seiner Heimat Libyen auch in anderen
Ländern, z. B. in Arkadien und Thessalien, wo am Peneus das Tal Tempe liegt,
und wo er sich längere Zeit aufhielt, verbreitet habe. Sein Vater war Apollo,
seine Mutter die Nymphe Cyrene, von der die griechische Kolonie in Afrika
ihren Namen hatte. Sie hatte ihren Aufenthalt an der Quelle des Flusses Peneus.

(Ist, wie du rühmst, mein Vater gewiß der Thymbräer Apollo),
Mich, den das Schicksal hasset, erzeugt? O wohin ist entflohn
dir

325 Liebe zu uns? Was hießest du mich einst hoffen den Himmel?
Siehe, sogar auch diesen, den Ruhm des sterblichen Lebens,
Den mir kaum der Gewächs' und des Viehs sorgfältige Wartung
Alles versuchend errang, du, Zeugerin, lässest ihn schwinden.
Auf denn, mit eigener Hand reiß aus die gesegneten Bäume,

330 Tilg' in verheerender Flamme die Ställ', vernichte die Ernten!
Brenne, was sproßt und schwinge die mächtige Axt in dem
Rebhain,
Wenn dich ein solcher Verdruß einnahm ob der Ehre des Soh-
nes!

Aber die Mutter vernahm tief unter dem Strom im Gemache
Dunkles Getön. Dort zupften Milesiervliese die Nymphen

335 Spinnend umher, die sie satt in des Glasgrüns Farbe getränket:
Drymo mit Xantho zugleich, und Phyllodoce, samt der Ligea,
Glänzendes Lockengeringel zerstreut um schneeige Schultern;
[Auch Nesäa, und Spio, Cymodoce auch, und Thalia,]
Auch Cydipp' und die blonde Lykorias, jene noch Jungfrau,

340 Diese zuerst mit den Wehen vertraut der strengen Lucina;
Klio und Beroe dann, des Oceanus Töchter sie beide,
Beid' in Gold und in Häute voll Stickungen beide gegürtet;
Ephyre dann, und mit Opis die asische Deiopea,
Und, unbeköchert einmal, die hurtige Nymph' Arethusa.

345 Klymene mitten im Kreise erzählete hier des Vulkanus
Eitele Sorg', und die Ränke des Mars und verstohlene Buhl-
schaft;
Zählte auch auf vom Chaos unendliche Händel der Götter
Als sie, ergötzt von der Mär, ihr sanftes Geschäft an den Spin-
deln
Abwärts drehn, da erscholl zu dem Mutterohre von neuem

350 Klage des Aristäus, und all' auf den gläsernen Sesseln
Staunten empor, Arethusa sogleich vor den übrigen Schwestern

Hob aus der Wog' umschauend das lockige Köpfchen und fern-
her
Ruft sie: O nicht schreckten umsonst dich Laute des Jammers,
Schwester Cyrene, er selber ist's, dein trautester Liebling,
355 Aristäus in Gram, an Peneus' Flut des Erzeugers
Steht er betränt und dich, du grausame, nennt er mit Namen.

   Drauf voll plötzlicher Angst in erschütterter Seele die Mutter:
Führ', o führ' ihn zu uns; er darf den Schwellen der Götter
Nahen. Sie sprach's und gebot, sich weiter zu trennen, den tie-
fen
360 Strömungen, daß der Jüngling die Bahn beschreite. Doch jenen,
Siehe, umstand gleich Bergen das krumme Gewog', und emp-
fangend
Tief im unendlichen Schoß, entsandt' es ihn unter den Strom
hin.
Schon der Mutter Palast und flutende Reiche bewundernd,
Und dort Seen, von Grotten umhegt, dort rauschende Haine,
365 Ging er einher und erstaunt vom entsetzlichen Wogengetüm-
mel,
Schaut er die Ströme gesamt, die unter dem nächtigen Erdkreis
All' aus gesondertem Ort aufsprudelten: Phasis und Lykus,
Auch den Quell, wo zuerst des Enipeus Strudel hervorbricht,
Wo Tiberinus der Vater, und ihr, anienische Fluten,
370 Hypanis[202] , rauh durch Felsen gestürzt, und der Myser Caicus,
Auch wo Eridanus quillt, goldhell um des mächtigen Stier-
haupts
Doppelgehörn, der mehr als andere Ströme gewaltig
Durch fruchtschwangere Täler ins purpurne Meer sich ergießet.

   Als er nun in des Saales aus Bimsstein hangender Wölbung

---

[202] Hypanis, Fluß im europäischen Sarmatien, heute Bug. – Caïcus, Fluß in
Großmysien, der auf dem Teuthrasgebirge entspringt und sich in den Elaitischen
Meerbusen bei Lesbos ergießt, heute Bagyrtschai. – Der Eridanus (Po) hat
vergoldete Hörner, weil er Gold mit sich geführt haben soll. Übrigens wurden
die Flußgötter oft mit Stierköpfen oder Stierhörnern dargestellt als Symbol der
Kraft und Fruchtbarkeit.

375 Ankam, und Cyrene die nichtigen Klagen des Sohnes
Hörete, reichen den Händen vom lauteren Born die Geschwister
Rings nach der Reih' und bieten das weichgeschorene Hand-
tuch,
Andre besetzen mit Speisen die Tische und setzen gefüllte
Becher umher, den Altären entglühn arabische Düfte.

380 Nimm, die Mutter beginnt's, den Pokal des mäonischen Bac-
chus,
Und dem Oceanus werde gesprengt. Dann flehet sie selber
Dir, Oceanus, Vater des Alls und den göttlichen Schwestern,
Welche wohl hundert Wälder und hundert Flüsse behüten.
Dreimal goß sie klar in des Herdes Gluten den Nektar,

385 Dreimal schwang sich die Flamm' aufleuchtend empor zu der
Wölbung.
Durch dies Zeichen gestärkt im Geiste beginnet sie also:

In der neptunischen Wog' um Karpathos[203] schaltet ein Seher,
Proteus, blau von Gestalt, der des Abgrunds Flut in dem Wagen
Weit mit beschupptem Gespann zweifüßiger Rosse durchwan-
dert.

390 Jetzt in Emathias[204] Port und die heimische Flur Pallene
Kehrt er zurück. Ihn ehren nicht nur wir Nymphen, auch
Nereus[205]
Ehrt ihn, der hochbejahrte, denn klar erscheinet dem Seher
Alles, was ist, was war, was bald herführet die Zukunft.
Also war's dem Neptunus genehm, des scheußliches Meervieh

395 Unter der Wog' er weidet und mißgestaltete Robben.
Diesen, mein Sohn, mußt du zuvor mit Banden dir fesseln,

---

[203] Nach der kleinen Insel Karpathos (heute Scarpanto) heißt das Meer zwischen
Kreta und Rhodus das Karpathische. – Proteus war ein untergeordneter
Meergott, der, wie Glaukus, die Gabe der Weissagung hatte. Bei Homer hat er
seinen Sitz bei der Insel Pharos bei Ägypten.
[204] Eine Landschaft Mazedoniens um Pella. – Pallene ist die westliche
Landspitze der mazedonischen Halbinsel Chalcidice, heute Kassandhra.
[205] Nereus, Vater der Meernymphen, der Nereiden, Sohn des Pontus und der
Gäa, war eine der ältesten Gottheiten.

Daß er entwickle der Seuch' Ursprung und fördre den Ausgang.
Ohne Gewalt wird jener dir nichts weissagen, und nimmer
Beugst du ihm flehend das Herz, mit Gewalt und drückenden
Fesseln

400 Bändige ihn; nur solchen zerfliegt die vereitelte Täuschung.
Selber bin ich, wenn Sol die Mittagsgluten entzündet,
Wenn schon trocken das Kraut, und das Vieh sich freuet des
Schattens,
Führerin dir zum geheimen Geklüft, wo der Greis aus den Wassern
Müd' einkehrt, daß leichter im Schlaf du den liegenden angreifst.

405 Aber sobald du ergriffen die Hand und Fessel ihm anlegst,
Vielfach dann täuscht Gaukelgestalt und Erscheinung des
Bergwilds.
Schnell als borstiges Schwein wird der drohn, als grimmiger
Tiger,
Als blauschuppiger Drach' und gelbgemähneter Löwe;
Oder in knatternder Flamm' erhebt er sich, und aus den Fesseln

410 Schlüpfet er oder verrinnt in beschleunigtem Lauf der Gewässer.
Aber je mehr nun jener in jede Gestalt sich verwandelt,
Desto mehr, mein Sohn, ihm geschnürt die haftenden Fesseln.
Bis so wieder den Leib er umtauscht, wie du zuerst ihn
Schautest, als sein Auge dem nahenden Schlummer sich zuschloß.

4   Also jen' und ergoß der Ambrosia lautere Düfte,
15   Welche den ganzen Leib des Sohnes salbten[206] . Doch diesem
Haucht' ein süßer Geruch von den schöngeordneten Locken,
Und in die Glieder drang Tatkraft. Da war eine Höhle
Tief in zerklüfteter Felsenwand, wo im Sturme die Brandung

420 Voll anprallt und hinein in die krümmenden Busen sich spaltet,

---

[206] So salben die Götter die Menschen, indem sie dieselben mit Ambrosia
anhauchen. Dadurch erhalten sie außergewöhnliche Stärke und Schönheit, auch
Unsterblichkeit.

Oft dem verschlagenen Schiffer die treu herbergende Zuflucht.
Drinnen verbirgt Proteus sich im Schutz des gewaltigen Felsens.
Dorthin stellt sie den Jüngling gewandt vom Lichte, die Göttin,
Tief in die Höhl' und lauscht mit Nebel umhüllt in Entfernung.

4 Heftig bereits am Himmel, die durstigen Indier sengend,
25 Brannte des Sirius[207] Wut, und Sol von der Höhe des Mittags
Flammete; welk hin nieder das Kraut; und, trockener Mündung,
Kochte der Fluß hohlufrig, vom Strahl bis zum Schlamme durchglühet,
Als der gewohnten Grotte zu nahn aus den Fluten sich Proteus

430 Hob. Das feuchte Geschlecht des unendlichen Meeres um jenen
Hüpfet' empor, weithin die bitteren Tropfen versprengend.
Jetzo sanken zum Schlaf truppweis' am Gestade die Robben.
Aber er selbst, wie etwa der Hürd' Aufseher im Bergwald,
Wenn die geweideten Kälber zum Obdach Hesperus heimführt,

435 Und mit schallendem Blöken den Wolf anreizen die Lämmer,
Setzete sich auf den Fels in die Mitt' und mustert die Anzahl.
Doch wie dem Aristäus sich dessen Bewältigung darbot,
Harret' er kaum, bis der Greis die ermüdeten Glieder gelagert,
Als er mit lautem Geschrei anstürzt und den Liegenden schleunig

440 Fesselte. Jener indes, der eigenen Kunst nicht vergessend,
Wandelte sich in alle die wundersamsten Gestalten,
Flamm' und ungeheures Gewild und entgleitendes Wasser.
Aber nachdem kein Zauber ihm Flucht ausmittelte, jetzo
Kehrt' er besiegt in sich selbst und mit menschlicher Stimme
begann er:

4 Wer ermahnte dich denn, du hochvermessener Jüngling,
45 Unserer Wohnung zu nahn? Was heischest du? rief er. Doch
jener:

Selbst, Proteus, selbst weißt du's; auch wagt dich keiner zu
täuschen.
Wolle nur du nicht länger! Dem Wink der Unsterblichen fol-

---

[207] Der bekannte Stern im großen Hunde, von dessen Aufgang (Ende Juli) die
Hundstage den Namen haben.

gend,
Kam ich, dem Unfall hier weissagenden Rat mir zu holen.

4   Also sprach er. Der Seher darauf, mit großer Gewalt nun
50   Drehet' er funkelnde Blick', in bläulichem Glanze gerollet;
     Und lautknirschend vom Geist, enthüllte sein Mund das Ver-
     hängnis:

     Nicht ohn' einiges Gottes Ereiferung duldest du Trübsal.
     Hart ist des Büßenden Schuld.[208] . Der erbarmungswürdige
     Orpheus –

455 Keineswegs unschuldig – ist's der zur Rache verhängt hat
     Dir solch Weh und wütet ob seiner entrissenen Gattin.
     Als dir diese entfloh in stürzendem Lauf an der Strömung,
     Ward der entsetzlichen Hyder das dem Tod geweihete Mägd-
     lein
     Nicht vor den Füßen gewahr, die im Gras' auflauert' am Ufer.

460 Doch mit Geschrei rings füllte der Schwesterchor der Dryaden
     Luftige Spitzen der Berg'; es weinten Rhodopes[209] Gipfel
     Und pangäische Höh'n, und Rhesus' streitbare Völker,
     Hebrus Flut und der Gete[210] , und Attikas Orithyia.
     Er nun stillte des Grams Sehnsucht mit gewölbeter Leier,

465 Dich, holdseliges Weib, dich bang' am einsamen Ufer,
     Dich mit kommendem Tag' und dich mit scheidendem singend.
     Selbst in des Tänarus[211] Schlund tiefab zu den Pforten des
     Pluto,

---

[208] Sein Vergehen bestand darin, daß er Eurydice, die Gattin des Orpheus,
verfolgte, so daß diese auf der Flucht vor ihm durch den Biß einer Schlange, die
sie nicht bemerkte, umkam. Die Sage von Orpheus und Eurydice erzählt
ausführlich Ovid, Verwandlungen X, 1ff.

[209] Rhodope und Pangäus sind fast parallel laufende westliche Gebirge
Thraziens.

[210] Die Geten waren die nördlichen Nachbarn der Thrazier an der Donau. –
Orithyia, die Tochter des athenischen Königs Erechtheus war von Bornas aus
Attika nach Thrazien entführt.

[211] Ein Vorgebirge Lakoniens mit einer Höhle, die man für den Eingang in die
Unterwelt ansah.

Und in den düsteren Hain voll schwarz anstarrenden Grauens
Wagt' er den Gang, die Manen zu schaun und den furchtbaren König,

470 Und durch menschliches Flehn noch nie gemilderte Herzen.
Aber es schwebten, gerührt vom Gesang, aus Erebus' Tiefen
Luftige Schatten daher und dem Leben entschwundne Gestalten,
Zahllos, so wie im Laube sich Tausende bergen der Vögel,
Nachtet es, oder verscheucht vom Gebirge sie winternder Regen:

475 Mütter zugleich, und Männer, und einst großherziger Helden
Herrliche Riesengestalt, und Knaben, und bräutliche Jungfrau'n,
Jüngling' auch, auf die Scheiter gestreckt vor den Augen der Eltern,
Die dort schwarzer Morast und scheußliches Rohr des Cocytus
Ringsumher und des trägen Gesümpfs unfreundliche Wasser

480 Fesseln, und neunfältig die Styx umströmend verkerkert.
Ja, vor ihm staunten des Todes Behausungen tief bis zum innern
Tartarus; ihm, durchringelt von bläulichen Schatten das Haupthaar,
Furien[212] selbst; und des Zerberus drei weitklaffende Fänge
Schwiegen; es stand im Winde das kreisende Rad des Ixion.

485 Schon mit gewendetem Schritt war aller Gefahr er entronnen;
Auch Eurydice wallt', ihm geschenkt, zu den oberen Lüften,
Folgend dem Schritt, so wollt' es Proserpinas strenge Bedingung,
Als unbedachtsame Torheit den Liebenden plötzlich dahinriß,
Zwar so verzeihungswert, wenn je verziehen die Manen.

490 Stehn blieb jener und schaut', achtlos und bezwungenen Herzens,
Ach, schon nahe dem Licht, auf Eurydice. Hin war auf einmal
Alle Müh', und gebrochen des unbarmherzigen Herrschers
Satzung. Siehe da krachts's dreimal um den Sumpf des Avernus.

---

[212] Die Furien trugen das Haupthaar mir Schlangen durchflochten.

Wer bringt, rief sie, mir Armen und dir das Verderben, mein
Orpheus?

495 Welcher Wahn war das? Schau, rückwärts rufen mich wieder
Harte Geschick', es starren die schwimmenden Augen im
Schlummer.
Lebe wohl! Hinschweb' ich, umhüllt von gräßlichem Dunkel,
Dir ohnmächtige Händ', ach nicht die deine mehr, streckend!

Sprach's, und schnell aus den Augen hinweg, wie Rauch in
die Lüfte

500 Aufgelöst sich verzieht, entfloh sie von dannen, und nicht ihn,
Welcher umsonst die Schatten noch hascht' und vieles zu reden
Trachtete, sah sie hinfort; auch des Orkus düsterer Fährmann
Gönnt' sie ihm nicht von neuem den sperrenden Pfuhl zu
durchfahren.
Was nun tun? wo sich raten nach zweimal entrissener Gattin?

505 Wie erfleht' er die Manen und wie durch Tränen die Götter?
Schon ja schwamm sie erkaltet dahin im stygischen Nachen.
Sieben der Monate stets durchweint' er, meldet die Sage,
Unter dem luftigen Fels an Strymons ödem[213] Gewässer
Unter Klagen sein Los, in kühlen und einsamen Höhlen

510 Tiger mit holdem Gesang und folgende Eichen bezähmend;
Wie voll Schmerz Philomela in grünender Pappelumschattung
Ihre verlorenen Kinder betrauert, die ein grausamer Landmann
Spähend dem Nest entwandte, die federlosen; doch jene
Weint in der Nacht und erneut vielfältige Töne des Jammers,

515 Sitzend im Laub, es erfüllt ringsum Wehklage die Gegend.

Nicht mehr Venus gewann, noch lockend sein Herz Hy-
menäus.
Einsam durch Hyperboreer-Eis und des Tanaïs Schneeflur
Und von rhipäischem Reif niemals entschleierte Felder
Streift' er, Eurydices Raub und die eitelen Gaben des Pluto

---

[213] Der thrazischen Fluß Strymon heißt »öde« zur Bezeichnung der einsamen
Gegend, die der trauernde Orpheus aufsucht.

520 Klagend. Aber ciconische Frauen, verschmäht aus Liebe zur
    Toten,
    Rissen in Stücke den Mann beim Feste der Götter und Bacchus'
    Nächtlichem Taumel und streuten sie weit umher in den Fel-
    dern.
    Selbst auch, wo sein Haupt vom marmornen Nacken gerissen,
    Schon im rollenden Strudel hinab der öagrische Hebrus

525 Trug, »Eurydice« noch hat Stimm' und erkaltete Zunge,
    »Ach, Eurydice, arme« mit fliehendem Hauche gerufen,
    Daß »Eurydice« rings an dem Strom nachhallten die Ufer.

    Proteus sprach's, und plötzlich hinab in die Tiefe des Meeres
    Sprang er und dreht' im Wirbel die weiß aufschäumende Woge.

530 Nicht Cyrene jedoch, denn genaht dem Zagenden sprach sie:

    »Sohn, dir geziemt, der Sorge das trauernde Herz zu entla-
    den,
    Klar ist der Seuch' Ursache, warum so kläglich die Nymphen,
    Welchen sich jene zu Tanz in ragenden Hainen gesellet,
    Untergang den Bienen gesandt. Bring' Opfer in Demut,

535 Flehend um Gnad' und ehre die gutgesinnten Napäen;
    Denn sie verzeihn dem frommen Gelübd' und legen den Zorn
    ab.
    Aber die Weise des Flehns sei zuvor umständlich eröffnet.
    Wähle von trefflichen Stieren dir vier, untadligen Leibes,
    Welche dir jetzt umweiden die grünenden Höh'n des Lycäus[214]
    ,

540 Ebensoviel auch Kühe, noch nie vom Joche gebändigt.
    Vier Altäre dafür an der Göttinnen ragendem Tempel
    Bau' alsdann und verströme das heilige Blut aus den Kehlen;
    Doch die Leiber der Rinder laß liegen im laubigen Haine.
    Drauf, sobald die neunte der Morgenröten emporsteigt,

545 Bring' als Totengeschenk lethäischen Mohnsaft dem Orpheus,

---

[214] Auf dem arkadischen Berge Lycäus (vgl.) sollte Aristäus Herden haben,
deshalb heißt er (V. 283) »der arkadische Meister«.

Auch ein schwärzliches Schaf weih' ihm; dann kehrend zum
Haine
Opfere zu der versöhnten Eurydice Ehren ein Kuhkalb.«

    Ohne Verzug vollendet der Sohn die Befehle der Mutter,
Geht zum Tempel in Eil' und erbaut die gebotnen Altäre,

550 Führet dahin untadligen Leibs vier treffliche Stiere
Ebensoviel auch Kühe, noch nie vom Joche belastet.
Drauf, sobald die neunte der Morgenröten emporstieg,
Bringt er des Orpheus Totengeschenk und kehrt zu dem Haine.
Aber o sieh', urplötzlich ein staunenswürdiges Wunder

555 Schauet man dort: wie rings im verfaulten Fleische der Rinder
Bienen durchschwirren den Bauch und geborstenen Seiten ent-
summen,
Dann endloses Gewölk hinzieht, das im Wipfel des Baums sich
Jetzo vereint, und die Traub'[215] an biegsamen Ästen herab-
hängt.

    Dies von der Flur Anbau, der Pflege der Tiere und Bäume

560 Sang ich einst, als Cäsar der Held am tiefen Euphrates[216]
Donnerte mächtig im Streit, siegreich gehorsamen Völkern
Rechte gab und Gesetz', und den Pfad aufstieg zum Olympus.
Damals weilt' ich, Vergil, in der holden Parthenope freundlich
Nährender Flur, von Geschäften umblüht ruhmloserer Muße,

565 Der ich Hirtengesänge erfand und kühn in der Jugend,
Tityrus, dich in der Wölbung besang breitästiger Buchen.

---

[215] Das ist ein traubenartiger Klumpen, den der an einem Baumast sich
hängende Bienenschwarm bildet.

[216] Die Stelle bezieht sich auf die Reise Oktavians nach Syrien im Jahre 30 v. Chr.
Wiewohl derselbe niemals am Euphrat Krieg führte, so konnte doch durch
diesen Ausdruck der Schrecken, den die römischen Waffen in Afrika
verbreiteten, angedeutet werden.

Über tredition

Eigenes Buch veröffentlichen

tredition wurde 2006 in Hamburg gegründet und hat seither mehrere tausend Buchtitel veröffentlicht. Autoren veröffentlichen in wenigen leichten Schritten gedruckte Bücher, e-Books und audio-Books. tredition hat das Ziel, die beste und fairste Veröffentlichungsmöglichkeit für Autoren zu bieten.

tredition wurde mit der Erkenntnis gegründet, dass nur etwa jedes 200. bei Verlagen eingereichte Manuskript veröffentlicht wird. Dabei hat jedes Buch seinen Markt, also seine Leser. tredition sorgt dafür, dass für jedes Buch die Leserschaft auch erreicht wird.

Im einzigartigen Literatur-Netzwerk von tredition bieten zahlreiche Literatur-Partner (das sind Lektoren, Übersetzer, Hörbuchsprecher und Illustratoren) ihre Dienstleistung an, um Manuskripte zu verbessern oder die Vielfalt zu erhöhen. Autoren vereinbaren direkt mit den Literatur-Partnern die Konditionen ihrer Zusammenarbeit und partizipieren gemeinsam am Erfolg des Buches.

Das gesamte Verlagsprogramm von tredition ist bei allen stationären Buchhandlungen und Online-Buchhändlern wie z. B. Amazon erhältlich. e-Books stehen bei den führenden Online-Portalen (z. B. iBookstore von Apple oder Kindle von Amazon) zum Verkauf.

Einfach leicht ein Buch veröffentlichen: **www.tredition.de**

Eigene Buchreihe oder eigenen Verlag gründen

Seit 2009 bietet tredition sein Verlagskonzept auch als sogenanntes "White-Label" an. Das bedeutet, dass andere Unternehmen, Institutionen und Personen risikofrei und unkompliziert selbst zum Herausgeber von Büchern und Buchreihen unter eigener Marke werden können. tredition übernimmt dabei das komplette Herstellungs- und Distributionsrisiko.

Zahlreiche Zeitschriften-, Zeitungs- und Buchverlage, Universitäten, Forschungseinrichtungen u.v.m. nutzen diese Dienstleistung von tredition, um unter eigener Marke ohne Risiko Bücher zu verlegen.

Alle Informationen im Internet: **www.tredition.de/fuer-verlage**

tredition wurde mit mehreren Innovationspreisen ausgezeichnet, u. a. mit dem Webfuture Award und dem Innovationspreis der Buch Digitale.

tredition ist Mitglied im Börsenverein des Deutschen Buchhandels.

Dieses Werk elektronisch lesen

Dieses Werk ist Teil der Gutenberg-DE Edition DVD. Diese enthält das komplette Archiv des Projekt Gutenberg-DE. Die DVD ist im Internet erhältlich auf **http://gutenbergshop.abc.de**